영화로 바라본
인공지능과 인간의 기억

인공지능총서

인공지능 시대입니다. 기계가 인간의 인지를 대신하고, 사물이 인간을 통하지 않고 다른 사물과 직접 커뮤니케이션합니다. 이에 따른 인간 삶과 문명 변화를 정확히 이해 · 예측 · 대응하는 것은 이 시대 우리 모두의 과제입니다. 인공지능총서는 인공지능 기술과 환경의 여러 주제를 10가지 키워드로 정리합니다. 관련 개념과 이론, 학계와 산업계의 쟁점, 우리 일상의 변화를 다룹니다. 인간과 기술의 현재, 미래를 세심히 분석합니다.

일러두기

- 인명, 작품명, 저서명, 개념어 등은 한글과 함께 괄호 안에 해당 국가의 원어를 병기했습니다.
- 외래어 표기는 현행 어문규정의 외래어표기법을 따랐습니다.

영화로 바라본 인공지능과 인간의 기억

송현희

대한민국, 서울, 커뮤니케이션북스, 2025

영화로 바라본 인공지능과 기억

지은이 송현희
펴낸이 박영률

초판 1쇄 펴낸날 2025년 3월 5일

커뮤니케이션북스(주)
출판 등록 2007년 8월 17일 제313-2007-000166호
02880 서울시 성북구 성북로 5-11
전화(02) 7474 001, 팩스(02) 736 5047
commbooks@commbooks.com
www.commbooks.com

ISBN 979-11-7307-560-5 03500

책값은 뒤표지에 표시되어 있습니다.

차례

인공지능이 인간의 기억을 탐하다

인간은 삶의 '유(有)'를 '유(流)'로 인정하지 못하고 '무(無)'한하게 펼쳐지는 삶을 원한다. 동시에 인간에게 죽음이 존재함을 인정한다면 그 모든 것을 기억하고 소중히 마무리하기를 바라기도 할 것이다. 그래서 인간은 지금 살아가는 사회에서 내가 손해 보지 않기를 바랄 수 있다. 그런 마음을 갖고, 인간 스스로 '나'이면서 '내'가 아닌 또 다른 존재로 보이게 하는 기술에 의존할 수도 있다. 그런 마음이 인간이 그 기술력을 발현하려고 노력하는 것일지도 모른다.

내가 아닌 존재가 내 기억이 있거나, 새로운 기억을 하고 있을 수 있는 존재로 자리 잡은 '인공지능'은 이제 우리 삶에서 의미 있는 대상이 되었다. 이 책은 인간이라면 누구든지 원할 수 있는 그 영원의 삶과, 갖고 가고 싶지만 모두 좋을 수 없는 기억에 관해 이야기하고 있다.

바로 직면하기 어려운 그 모든 기억을 인간이 감당할 수 없다면? 우리는 그 기억을 대신 투영할 수 있는 인공지능을 매개로 또 다른 인간 삶에 대한 새로운 직시로 여길 수도 있다. 이를 위해서 우리의 상상을 현실화해 주는 영화를 통해 이해할 수 있다는 점은 흥미로운 전개라 생각한다. 인간이 바라는 무언가에 대한 시각화된 매개체인 영화로 우리는 우리 삶의 중요한 것들을 기억하고 좀 더 생각해 볼 수 있을 것이다.

인간은 현실을 살아간다. 하지만 동시에 인간은 현실에서 벗어나고 싶어 하고 그것을 대체할 수 있는 여러 방법을 찾으려고 노력해 왔다. 그래서 인간은 그들을 대신할 수 있는 존재로 여러 가지 기술적 노력을 기울였고 인간과 비슷한 기능을 하는 인공지능(Artificial Intelligence, AI)을 만들었다.

이제까지 인류의 역사를 살펴보면, 수많은 기술력의 발달과 결과물로 이제는 인공지능을 탑재한 존재가 인간을 대신할 수도 있지 않을까 예상을 하기도 한다. 물론 이 기술력의 발전을 갖춘 그들의 모습에 위대함을 느끼기도 하지만, 아이러니하게도 인간은 그 완벽한 존재에 두려움을 느끼기도 한다.

우리는 역사적으로 훌륭한 인물들을 논할 때 그 대상들이 우리보다 뛰어남을 인정하기에 '존경한다'는 말을 한다. 하지만 과연 우리가 이제 미술 작품을 인간보다 더 뛰어나게 그려 내고 아무리 어려운 수학 문제라도 막힘

없이 해결하는 인공지능을 있는 그대로 존경한다고 말할 수 있을까?

또한 인공지능이 인간인 내가 할 수 없는 그 무언가를 대신해 주는 것에 만족하지 않고 내 자리를 탐하게 된다면 어떻게 해야 할까? 인간이 탄성을 지르며 감동하던 인공지능의 능력이 이제는 우리는 두렵게 만들기도 한다. 그래서 인간이 인공지능과 어떤 차이가 있을지를 찾고 그것을 가장 큰 '차이점'이라고 강조하게 했다.

이 책에서는 그 차이를 만드는 것이 '기억'이라고 여기고 그와 연관된 영화를 살펴보고자 한다. 물론 인공지능 자체는 인간보다 한 치의 오차도 없이 무언가를 기억하고 그대로 표현한다. 반면에 인간의 기억에는 수많은 오차가 존재한다. 그래서 오히려 인공지능이 인간보다 뛰어난 것이 '기억'이라고 말할 수 있다. 그러나 가장 중요한 것은 인공지능이 아무리 인간의 지능을 탐하려 한다고 해도 '기억을 담고 유지하는 것'에는 큰 차이가 생길 수밖에 없다는 것이다. 인공지능의 '기억'이 저장 용기에 담긴 것이라면, 인간의 '기억'은 자유롭게 흐른다. 즉 이 말은 인간의 기억은 정확할 수도 있고 그렇지 않을 수도 있지만, 그 흐름의 공간은 무한하다는 것이다.

이에 학술적 연계를 하고자 기억을 다룬 연구를 살펴

보면 우리의 관심사가 담겨 있듯이 많이 존재한다. 특히 라캉-프로이트로 설명하는 기억을 주제로 하는 논문은 신지영(2013)의 연구도 그 맥락이 이어진다. 또한 조경식(2006), 조대호(2016), 나종석(2015)은 각각의 연구도 있지만, 신지영과 공동 연구자로 기억 관련 연구를 했다. 양재혁(2016)은 프랑스 역사 속의 기억과 망각을 연구했다. 김진석(1996)은 가상과 이상, 환상 현실 속 기억을 담론으로 정리했다. 오웬(Owens, 1996)은 로크의 기억 이론을 현상학적 차이점을 중심으로 분석하였고, 파트리시아와 마리나(Partricia & Marina, 2013)는 어린 시절 기억상실을 언급하였다. 이 책은 이런 학술적 자료를 바탕으로 인간이 '왜' 인공지능과 다른 기억을 논할 수 있는지 말하고자 한다.

로크는 인공지능 자체나 인공지능을 탑재하여 인간처럼 행동하는 그들이 인간의 기억을 지녔다고 본다. 의식과 기억이 연결되어 있다면 인간이 된다는 로크의 이론처럼 '기억'의 존재 여부로 인간 기억에 대한 연구가 가능하다.

인간은 기억에 의존한 채 살아가는 존재다. 프로이트(Freud)는 의식과 무의식을 지닌 존재가 인간이며, 죽을 때까지 무의식의 부분은 10%도 사용하지 못할 수 있다고 했다. 그러니 인간이 평생 살면서 기억의 정확도는 얼마나 되겠는가? 또한 인간은 무의식의 부분을 얼마나 기억하고 활용할 수 있을까? 어린 시절 기억은 자아 발현의 발전에 따라 다음 단계로 전개되며 변화된다(Patricia, 2013). 인간은 자신이 유리한 방향으로 기억을 조작하기도 한다. 그래서 우리는 자신의 기억조차 현실인지 아닌지 망각의 순간에 직면하기도 한다. 인간은 그 망각의 순간에 도달하기를 거부한 나머지 모든 것을 통제할 수 있는 유토피아를 꿈꾸게 되는 결론에 이른다. 유토피아의 정의는 다양하지만, 프리드리히 엥겔스(Friedrich Engels)의 유토피아는 과학적 사회주의와의 대립으로, 카를 만하임(Karl Mannheim)의 유토피아는 경험주의를 바탕으로 한 이상주의와의 대립이라고 보았다(Ruth, 1999). 결국 유토피아는 인간이 만들어 낸 또 다른 기억과 망각의 공간임을 강조하고 있다.

그래서 인간이 기억할 수 있는 한계를 범위로 설정하여 잊어버리지 않고자 고군분투하는 또 다른 인간의 생존에 대한 갈등을 다루는 영화와 기억을 연결하여 분석을 진행하였다. 1장 〈익스팅션: 종의 구원자〉는 인간과 기계의 관계성 반전을 외계의 침략이라는 시선으로 바라보면서 이를 기억 오류의 단면으로 표현하였다. 2장

〈기억전달자〉는 현재라는 개념이 아닌, 먼 미래에서 과거의 연결을 '기억전달자'라는 '인간'의 또 다른 기억의 결과를 보여 준다. 3장 〈업그레이드〉는 인간과 기계의 평행선보다 그 우위를 점하는 기계로 이끌어진 기억의 비극을 보여 준다. 4장 〈트랜센던스〉는 인간이 인공지능을 통해 신과 같은 존재가 되어 인간의 모든 것을 좌우하려는 모습을 보인다. 5장 〈그녀〉는 인간보다 인공지능과의 사랑을 추구하며, 이로 인한 인간 감정의 의미를 알게 한다. 6장 〈아이, 로봇〉은 인간이 부여한 기계의 자유의지와 복종이 어떤 방향을 바라보아야 하는지 생각하게 한다. 7장 〈나의 마더〉는 인간에게만 쓰일 수 있던 모성이 결국 인공지능이 만든 허상일 수 있음을 경고한다. 8장 〈엑스 마키나〉는 인공지능이 인간의 감정을 이해하는 수준을 넘어서 새로운 세상의 일원이 되는 모습을 보인다. 9장 〈원더랜드〉는 또 다른 가상의 세계 속 인간의 만들어진 감정이 실제가 될 수 없음을 보여 준다. 10장 〈크리에이터〉는 인간과 인공지능에서 인간에게 필요한 존재로 신처럼 인공지능에 모든 것을 기대는 양상을 보인다. 이렇게 총 열 편의 영화로 기억 연결의 중요성을 여러 영화 속 인간과 인공지능의 기억을 중심으로 분석을 진행하였다.

참고문헌

김진석(1996). 이상현실·가상현실·환상현실: 문학과 영화 예에서. ≪문학과사회≫, 9(3), 994-1022.

나종식(2015). 헤겔 철학에서의 기억, 언어 그리고 사변적 사유. ≪철학논집≫, 41, 45-74.

신지영(2013). 기억과 반복의 드라마: 들뢰즈와 프로이트-라깡의 비교를 중심으로. ≪철학연구≫, 103, 189-218.

양재혁(2016). "기억의 장소" 또는 "망각의 장소". ≪사림≫, 57, 71-101.

조경식(2006). 문화적 기억/망각의 매커니즘으로서의 상호텍스트성. ≪뷔히너와 현대문학≫, 27권, 271-300.

조대호(2016). 글, 말, 기억-플라톤의 문자비판에 대한 또 하나의 해석-. ≪인문과학≫, 106, 5-40.

Ownes, D.(1996). A Lockean theory of memory experience. *Philosophy and Phenomenological Research*, 56(2), 319-332.

Patricia, J. B., Marina, L.(2013). The onset of childhood amnesia in childhood: A prospective investigation of the course and determinants of forgetting of early-life events. *Memory*, 22(8), 907-924.

Ruth, L.(1999). Educated Hope: Ernst Bloch on Abstract and Concrete Utopia. *Utopian Studies*, 1(2), 13.

01
<익스팅션: 종의 구원자>: 반전된 기억이 만든 기계의 왜곡

지구상에서 인간은 가장 뛰어난 지능을 지녀서 모든 종의 우위에 있다고 생각한다. 하지만 인간과 기계가 마주하고도 서로 알아차리지 못한다면, 우리 삶은 어떻게 될까. 이 영화에서는 인간이 처음부터 끝까지 무서운 기계의 위협에서 살아남으려고 분투하는 것으로 보인다. 하지만 아이러니하게도 결말은 인간 스스로 만든 첨단 기술력이 어떤 결과를 가져올 수 있는지를 새로운 반전 형태로 보여 주어 충격을 준다.

인간, 기계의 위협에 맞서다

"우리가 처음에 여기에 있지 않았다(WE WERE NOT HERE FIRST)". 이 영화의 포스트 중간에 쓰여 있는 문구다. 이 글은 이 영화 전체를 가로지르는 중요한 의미를 담고 있다. 중간이라는 글자의 위치는 인간과 기계라는 존재를 가로지르면서 그 역할의 변환에 상징적 의미를 준다. 영화 도입부에서 '인간'이 기계의 위협에 두려워하고 있다. 기계에 공격받는 인간의 두려움이 처음부터 펼쳐진다. 하지만 이 위협은 단순한 두려움으로 끝나지 않는다. 2018년 7월 27일 넷플릭스(Netflix)에서 처음 개봉한 이 영화는 인공지능과 인간의 관계에서 가장 강력한 반전을 선사한다.

일반적인 인공지능과 인간의 전쟁으로 진행되다가 마지막에 강한 반전을 보여 주는 데서 우리는 이 영화가 단순한 액션영화가 아니라는 것을 알 수 있다. 이 영화의 감독 벤 영(Ben Young)은 이미 인간과 기계의 반전된 기억에 대한 영화적 '반전'을 의도했을 것이다. 그래서 이 글을 쓰며 처음 선택한 영화가 이 영화일 수밖에 없다는 사실을 스스로 주지하게 되었다. 벤 영 감독이 이 영화에서 의도하는 것은 기억의 왜곡이다.

주인공 피터(Peter)는 이상한 꿈을 반복해서 꾼다. 현실인지 아닌지 헷갈리게 하는 꿈을 꾸는 피터는 어떤 것이 현실인지 알지 못한다. 그의 기억은 단지 가족을 이 힘든 상황에서 지켜야 하며 그것만이 그가 해야 할 유일한 일이라는 것이다.

우리에게 인공지능이란 무엇인가? '인공지능'은 사고, 학습, 자기 계발 등 인간의 지적 능력을 컴퓨터로 구현한 기술로 잉태된 기계적 존재를 일컫는다. 이에 대해 정확히 논의할 점은 다르겠으나, 1950년 영국의 수학자 앨런 튜링(Alan Turing)이 개발한 튜링 테스트가 그 시작이었다. 그리고 이후 존 매카시(John McCarthy), 앨런 뉴웰(Alan Newell), 아서 새뮤얼(Arthur Samuel), 허버트 사이먼(Herbert Simon), 마빈 민스키(Marvin Minsky)가 1957년 개최한 다트머스 하계 연구 프로젝트 워크숍에서 인공지능 원칙을 정식화했다.

이 영화에서는 시작점으로 '지구를 파괴하려는 세력의 침공이 시작된다'라고 한다. 하지만 영화의 반전은 이미 인공지능이 인간을 침공하고 나서 많은 것이 진행된 상황이었다. 미래학자 레이 커즈와일(Ray Kurzweil, 2016)에 따르면 인공지능은 감각 처리나 기억 같은 '일상적' 기능으로 시작해 기술 축적, 패턴 인식, 논리 분석까지 도울 것이다. 2030년대가 되면 비생물학적 지능이 우위를 점하기 시작할 테고, 2040년대에는 생물학적 지능보다 수십억 배 상력해 질 것이다(박선, 2019). 영화 속 배경은 언제인지 분명히 나오지 않지만, 우리는 현재보다 훨씬 미래의 모습임을 짐작할 수 있고, 인간보다 인공지능의 능력이 기대치를 넘어섰음을 알 수 있다.

인간보다 발전을 이룬 외계 존재를 인공지능과 연관하여 물리학적 측면으로 풀어낸 작품인 류츠신 작가의 『삼체(Three Body Problem)』에서도 이를 잘 보여 준다. 이는 넷플릭스에서 〈삼체〉 시리즈로 제작되었다. 3부작(삼체문제, 암흑의 숲, 사신의 영생)으로 구성된 이 책에는 인간을 크게 넘어선 '삼체인'이 등장한다. 그들은 인간의 과학기술을 순식간에 습득하며, 인간보다 월등한 존재로 그려진다. 그래서 이 영화에서 스스로 기계인지 모르고 인간으로 여긴 이 가족이 기계에 대항하는 것은 당연한 일이었다.

하지만 누가 누구에게 맞선 것일까. 인간일까, 아니면 기계였을까. 이들이 가지고 있던 기억은 이에 대한 오류를 만들었다. 기억에는 여러 가지 형태가 있으며 단순히 어떤 자극에 대한 학습 과정의 반응만으로 이루어진 것은 아니다. 인간은 단지 다른 사람들이 어떻게 하는지 보기만 해도 언어 구사 같은 여러 가지 복잡하고 힘든 기술을 익히는 경우도 있다(양병환 · 백기청, 2001). 그래서 인간은 생물학적으로 어떤 변화를 이룰지 모르지만, 해당 신경계에 구조적 변화를 일으킬 수 있다면 그에 따른 인간의 기억도 행동도 변화될 것이다. 이런 점에서 이 영화에서 인간과 기계의 역할 변화에 인간이 기계를 위협하는 것이 아니라 또 다른 반전으로 이어진 것이다.

기계, 인간이 만든 왜곡에 대응하다

피터가 계속 꾸는 꿈은 그의 기억 속에 잠재된 인공지능의 기억이었다. 그가 가족을 이룬 아내 앨리스(Alice)와 딸 한나(Hannah), 루시(Lucy)는 '기억을 일부분 보유하고 남겨진 자'인 자신이 이룬 가짜 가족이었다. 그의 상사인 데이비드(David) 또한 인간이 아니라, 인공지능이 인간을 정복하고 나서 이룬 또 다른 세계 속 인공지능이었다. 인간이 만든 기계인 자신을 창조했지만, 기계가 인간을 지배하게 되었고, 그들을 없애려는 인간을 다시 몰아내려 한다. 하지만 그 기억은 잠재되어 주인공 피터는 그 괴로운 기억을 또 다른 왜곡으로 바꾸어 살아가고 있었다.

기억은 통제될 수 있다. 이제껏 인공지능을 다룬 많은 영화에서 하나로 자신했던 말이 있다. 바로 '중요한 기억을 지울 수 있다'고 언급하는 부분이다. 영화 〈이터널 선샤인(Eternal Sunshine)〉(2005)에서 주인공 조엘은 연인 클레멘타인에 대한 기억만 선택적으로 지우고자 한다. 〈익스팅션〉의 피터 또한 선택적으로 그들이 정복한 인간에 대한 모든 것을 기억하고 있지 않다. 그의 친구와 아내 사만다 그리고 또 다른 인공지능을 지닌 기계인 모든, 인간이 아닌 그들은 피터와 같이 잊고 살아가고 있었다. 이 영화에서 우리는 연속하는 인간과 기계가 서로에게 비결정적으로 열려 있는 관계적 존재라고 생각할 수 있다(박소현 · 함충범, 2017). 서로가 존재적 이유를 모르는 상황에서도, 아는 상황에서도 결국 그들은 공존하는 것이다.

영화에서 천체망원경 속 '별'은 아름다워 보이지만 그들이 쫓아낸 인간에게는 그렇지 않았을 것이다. 피터를 비롯한 인공지능 인간이 들여다보는 또 다른 우주와 인간이 자신의 공간에서 쫓겨나 그리워한 그들의 우주. 아내 앨리스가 상처를 입고 생명이 위태로워지자, 피터가 공격자에게 대항해 그 헬멧을 벗기는 순간 영화는 놀라운 반전을 보여 준다.

인간인 마일스(Miles)가 피터에게 "기억하고 싶은 것만 인정할 수 있다니…"라면서 한탄한다. 결국 '지구를 파괴하려는 세력의 침공이 시작되었다'는 말은 인간과 기계의 반복된 악몽이 또 다른 기억의 부작용으로 이루어진 것뿐이다. 마일스도 피터도 서로 알고 있었지만, 또 다른 기억의 조작이자 스스로 보호하고자 하는 역할로 기억이 변경되거나 사라진 것이다. 하지만 일어난 일은 변하지 않았고, 이 '기억'이 이 영화에서 반전의 열쇠를 지닌 하나의 기제로 작용한다.

이 영화에서는 기계와 벌인 전쟁에서 패배한 인간이 지구에서 탈출하여 화성으로 이주했음이 나중에 드러난다. 그리고 그들이 다시 지구를 찾으러 왔을 때 기계들은 남겨두었던 몇몇 기억을 되살려 대피소로 탈출하고자 한다. 인간은 이제 인간과 인간이 아닌 존재라는 이분법에서 벗어나 융합적으로 사고하고, 다가올 미래를 대비해야 한다(홍숙영, 2023). 우리는 '인간이 아닌 존재'를 'non-human'이라고도 한다. 2017년 8부작으로 제작된 드라마 〈인휴먼즈(Inhumans)〉는 인휴먼을 다스리는 왕 '블랙 볼트'와 그 왕족의 이야기를 다루고 있다. '인휴먼' 자체는 '비(非)인간'을 의미한다. 그들은 로봇은 아니지만 특별한 능력을 타고난 존재들로, 오히려 〈엑스맨(X-Men)〉(2009~2019) 시리즈와 비슷한 양상을 보인다. 하지만 반대로 본다면 그들의 특별함은 인간보다 우수하게 된 로봇을 지칭하기도 한다.

하지만 〈익스팅션: 종의 구원자〉 인에서는 인간-비인간의 경계가 외형과 삶의 방식 등에서는 전혀 차이가 없다. 영화의 제목인 'extinction'은 '멸종'을 의미하지만, 부제는 '종의 구원자'다. 인간과 로봇이 서로에게 멸종되기를 원했지만, 결국 서로 각자의 삶을 구원하는 존재가 될 수밖에 없는 아이러니를 보여 준다. '종'은 '종류'를 말하지만, 주인과 하인의 의미에서 '아래의 존재'를 말하기도 한다. 그래서 인간이, 기계가 '종'일 수도 '구원자'일 수도 있다. 서로가, 상대를 보는 관점에 따라서 말이다.

이 작품에서 인간과 기계의 복잡미묘한 관계를 드러내는 장면 중 하나는 다음과 같다. 안드로이드 부부는 기억에서 특기할 만한 이미지를 하나 품고 있다. 남자아이가 환하게 웃는 얼굴이 아파트 외벽 한편에 크게 그려져 있는 이미지다. 그림에는 "(진짜 아이처럼) 웃고, 울고, 사랑하라(Laugh, Cry, Love)"라는 문구가 담겨 있다(박선, 2019). 인간이 만든 기계는 또 다른 왜곡으로 살아가지만, 그 왜곡이 깨지고 현실이 드러난 순간, 모두가 혼돈에 빠지게 된다. 영화의 마지막에서 드러난 진실과 그 후의 짧은 이야기는 이것이 결코 끝이 아님을, 누구나 행복할 수 있다는 것이 얼마나 현실과 다른 왜곡인지 알게 한다.

그리고 또 다른 왜곡된 진실은 그들의 이름이다. 그들은 '피터, 앨리스, 한나, 루시'로 이루어진 가족이다. 하지만 아이러니하게 그들에게 '성'은 없고 이름만 부여되어 있다. 어디에서나 들을 수 있는 흔한 이름이 그들에게 인간이라고 설정하게 해 두었지만, 이 이름 자체에서 그들이 인간이 아니었다는 또 다른 '이름짓기(naming)'의 함정에 빠지게 한 것이다. 인간과 기계(앞으로 로봇, 인공지능과 혼용)를 구분 짓는 것은 이름으로만 정의할 수는 없지만, 존재에 대한 의미는 이름 하나로도 이미 구분 짓기가 끝났다고 볼 수 있다. 이미 이 자체로 인류가 기계에 대응하고 있다는 것이 인간이 만든 왜곡의 또 다른 이름이 아닐까 하는 질문을 던질 수 있다.

참고문헌

박선(2019). 문화적 각본으로서의 AI: 〈엑스 마키나〉, 〈나의 마더〉, 〈익스팅션: 종의 구원자〉의 경우. ≪순천향 인문과학논총≫, 40(2), 220-222.

박소현·함충범(2017). 2010년대 할리우드 영화 속 인간과 인공지능의 관계적 존재 양상 연구: 〈그녀〉(2014), 〈블레이드 러너 2049〉(2017), 〈당신과 함께한 순간들〉(2017)을 중심으로. ≪현대영화연구≫, 40, 104.

양병환·백기청(2001). 기억 및 기억연구: 개념, 역사 그리고 과제.

≪정신신체의학≫, 9(1), 9.
홍수연(2023). 영화 속 인공지능 캐릭터와 포스트휴먼의 미래. ≪비평문학≫, 90, 456.
Cisin, L.(2016). *The Three-Body Problem#02: Dark Forest.* Macmillan. 허유영, 이현아 옮김(2022). 『삼체 2부: 암흑의 숲』. 자음과모음.

02
<기억 전달자>: 과거와 미래 세대를 연결하는 기억

우리는 과거를 기억하는가. 아니면 기억하고 싶은가. 인류는 과거에서 무언가를 배워 현재를 살아가고, 이를 미래까지 연결하게 하려고 한다. 당연하지만 이 모든 것을 한 사람이 짊어져야 한다면, 우리는 그 사람에게 모든 것을 일임할 수 있을까. 모두가 '늘 같음' 상태로 산다면 사회가 안정되어 있다는 오류가 생길 수 있다. 인간이라면 모두 자신의 감정이 있어서 전달되는 그 기억을 감정 그대로 기억하는 것은 소중한 것이다.

과거를 기억하지 못한다면

〈기억 전달자〉는 인간의 '정신 속에 담긴 기억'이 인간에게 어떤 의미인지 물으며, 이를 보존하려는 그들의 행동 방향성을 따라간다. 결과적으로 그 기억이 두 작품에 인간들에게 어떤 망상으로 나타나는지에 초점을 두고 있다. 작품 속 등장인물들은 개인적이든 공적이든 그것을 알고 찾기 위해 자신이 생각할 수 있는 한에서 방법을 찾는다. 그 결과가 긍정이든 부정이든 그들 자체의 존재와 위치를 생각하여 진행하는 과정에서 그들은 무언가를 찾게 된다.

우리는 과거를 기억하고 현재를 살아내고 미래를 떠올리는 삶을 살아간다. 인간이라면 말이다. 물론 동식물에도 우리가 말을 알아듣지 못할 뿐 그들만의 생각과 사고가 존재할 것이다. 우리의 삶에서 과거 힘듦과 고통을 기억하지 못하고 현재를 살아간다면, 우리는 과연 행복하다고 느낄 수 있을까? 그 모든 과거의 기억을 한 사람이 전달하고, 그는 또 다른 선택된 자에게 기억을 전달한다. 과연 누구든 완벽한 행복을 유지하고, 모두가 슬퍼하지도 괴로워하지 않고 사는 것이 옳은 일일까? 이에 대해 옳다 그르다 결론을 내는 것 또한 인간인 것은 과연 누구를 위한 것일까.

이 영화는 로이스 로리(Lois Lowry)가 1993년에 쓴 『기억 전달자(The Giver)』에서 시작되었다. 이 책은 아동청소년 문학계의 노벨상이라 불리는 뉴베리 메달을 수상하여 디스토피아 소설의 필수 교본으로 여겨지기도 한다. 특히 제목에서 알 수 있듯이 '기억'이 책과 영화 전반에서 가장 중요한 주제이자 흐름임을 알 수 있다. 영화가 개봉된 2014년은 분명 원작의 세계와는 다른 결을 가지고 있다. 하지만 필립 노이스 감독(Phillip Noyce)은 원작과 그 당시의 기술적 상상력을 영화적으로 잘 살려냈다는 평가를 받았다.

〈기억 전달자〉 속 인간은 미래를 위해 달리지만 그들의 모습이 바로 현실의 한계라는 역설을 드러낸다. 주인공 조너스(Johas)는 스스로 열한 살의 평범한 아이라고 생각한다. 하지만 그의 운명은 '기억 전달자(Receiver)'로 확정되어 있다. 그에게 기억을 전달해 주는 현재의 기억 전달자는 처음에 기억의 무지개로 시작하여 백지상태의 눈(snow)을 지나 고통의 기억(전쟁, 상처, 죽음, 굶주림 등)을 보여 준다. 이런 모습은 과학의 기술로 만들어진 신약으로 자유를 느끼지만, 결국 현실을 배제한 또 다른 망각의 상태로 살아가는 닫힌 공동체의 한계를 드러낸다(Schermer, 2007). 그들은 '똑같음'을 이룬 채 그

것이 자유라 외치며 서로가 뭉쳐 살지만 그것이 기억이 아닌 만들어 낸 감옥임을 망각한 채 살아갈 수밖에 없다.

조너스가 현재 기억 전달자에게 받은 새로운 장소로 도망가는 것은 결국 문화적 지배로 내가 다른 사람들과 같은 문화에 속해서 함께 있지만, 결국 나는 어디에도 속하지 못한 이방인임을 깨달았기 때문이다(Simona, 2008). 이방인이라는 개념을 계급적 의미로 풀어낸 작품 중 어슐러 K. 르 귄(Ursula K. Le Guin)의 『언제나 집으로 돌아오기(Always Coming Home)』(1985)는 케시 문화 집단에서 엄격하게 계급으로 나뉘어 군대식으로 사는 다야오(Dayao) 사람들의 이야기는 이 작품과 유사한 흐름을 보인다. 이들도 조너스의 사회처럼 현재 사는 곳을 진리로 정하고, 그 안의 규정에 맞추어 그 자체에 만족하며 살려고 한다.

과거 문학부터 현재까지 인간은 스스로 그들의 유토피아와 디스토피아의 진실이 무엇인지를 고민해 왔지만 결국 어느 곳도 정답은 아니다. 〈기억 전달자〉의 조너스는 그 반대로, 인간을 통한 환상적인 전달로 기억을 감지한다. 물론 조너스의 기억 전달 기술이 오히려 오랜 세월 농축된 그 사회만의 고도 기술이라고 추측할 수도 있다. 조너스가 누릴 수 있던 기술적 사유에서 갈라지게 된 중요한 한 가지 부분은 스스로 통제하는 방법의 차이였다. 전 세대는 모든 것을 통제하려고 했지만, 조너스가 모두 그것을 누릴 수 있어야 한다고 생각했다.

인간의 정신을 두뇌에서 끄집어내 육체로부터 절연한 정신이라는 데카르트의 은유를 문자 그대로 실현할 방법을 전망한다. 언젠가는 인간의 정신적 기능들을 인간의 두뇌에서 외과적으로 추출하여 그가 전생(轉生)이라고 하는 과정을 거쳐 컴퓨터 소프트웨어로 이전시키는 것이 가능해질 것으로 생각한다. 그때가 되면 쓸모없는 인간의 육체는 대뇌 조직과 더불어 버려질 것이다.

반면 인간의 의식은 컴퓨터 터미널 또는 외출할 때는 일시적으로 모빌 로봇 속에 저장된 채 남아 있게 될 것이다(최혜실, 2006). 인간과 컴퓨터를 동일한 시점에서 볼 수 없지만, 이 영화에서 '기억 전달자'는 컴퓨터에서 자료가 저장되고 옮겨지듯이 인간의 기억 또한 이 과정으로 가능할 수 있다는 전제가 있기에 가능했다. 데카르트가 '생각하는 인간'을 강조한 것은 그것이 인간만의 능력이라고 생각했기 때문이다. 하지만 인간의 기억은 한계가 있기에 과거의 기억을 저장할 필요가 있다고 여겼을 것이다.

〈기억 전달자〉의 조너스는 자신만이 기억하고 그 기

억을 또 다른 기억 전달자에게 전해 줘야 하는 현실을 끊어버린다. 그가 갖게 된 기억은 스스로 사유해야 하는 것이 아니라 고통이었고 그를 다른 사람들과 분리되게 하여 괴로움에 빠지게 하는 어두운 의미의 망각이었다. 아이러니하게도 조너스가 마주하는 새로운 세상에 대한 의지와 바람은 회색 공간으로 표현된다. 회색은 주로 기억과 망각을 표현하는 요소로 활용된다. 사적이거나 공적인 기억, 회상 장면 등에 회색이 활용되고, 주변의 유채색과 구별되는 무채색 회색의 배치는 망각을 환기하게 한다(김종국, 2021). 우리가 바라는 이상향은 유채색의 이미지로 그릴 수 없다. 혹시나 그러더라도 우리가 바라는 색으로 남아 있지 않을 수 있다.

작품에서 색채의 변화가 다변화되어 보이는 것은 그의 생각이 결국 현실이 될 수 없음을 보여 준다. 마찬가지로 조너스가 기억 전달자로 사는 삶을 포기하고 그 경계를 넘어설 때 그가 전달받은 기억은 회색을 띤다. 동시에 그가 향하는 새로운 공간 또한 회색으로 표현된다. 회색이 기억과 망각을 동시에 드리우는 것이라면 우리 삶에서 완벽한 분명함은 없는 것이다.

우리는 생명체이기에 죽어야 하며 '죽을 수밖에' 없다. 그러나 인간은 스스로 내면화되고 자기 것이 된다고 하더라도, 그렇게 깨우친 지식으로 '살고자 하는 욕망, 살려는 욕구, 어떤 전체 존재 가능'을 몸으로 나타내는 것이다(김선하, 2013). 죽음은 회색으로 많이 표현된다. 인간 스스로가 정할 수 없기 때문이지만 반대로 기억과 망각의 과정은 인간 스스로가 정할 수 있으며 그 과정들에서 존재 이유를 찾을 수 있다.

과거를 나만 기억한다면

영화의 포스터에서 '제거된 기억을 가진 단 한 사람'이라는 캡션을 볼 수 있다. 이 말은 그 기억을 '혼자' 가지고 가야 함을 분명하게 드러낸 것이다. 조너스의 기억은 아름다움만으로 있을 수 없었다. 그래서 그가 선택한 결말은 또 다른 이야기를 낳게 하였다. 그는 또 다른 기억 전달자 가브리엘이 아기임에도 적절한 대상이 아니라 제거될 위기에 처하자, 그가 할 수 있는 선택을 한다. 그 이전의 '기억 전달자'를 부여한 커뮤니티의 의도를 완전히 다르게 받아들인 인물은 조너스로 나오지만, 그 후 그 누구라도 등장할 수 있음을 암시한다.

이 영화에서 기억은 단순히 기억 억제제로 사라지는 것이 아니라 '감정'을 같이 가지고 있어서 '보유'될 수 있음을 보여 준다. '늘 같음 상태'의 커뮤니티는 언제든 인간이기에 '다르게 변화'될 수 있음 또한 보여 준다. 이 상태는 감각적(예를 들어 이곳 주민들은 색깔에 대한 시각적 능력이 결여되어 있다), 심리적(이들은 매일 환약을 복용함으로써 동일한 감정 상태를 유지한다), 신체적(배급되는 식사의 종류나 양이 동일하여 이들 모두 체형이 비슷하다) 측면에서뿐 아니라 사회적(성차별이나 신분의 차이가 존재하지 않는다), 경제적(사유재산이 허용되지 않는다) 혹은 직업적(각자의 임무가 다를 뿐 직업의 귀천은 원칙적으로 문제 되지 않는다) 측면에서 그리고 더 나아가 환경적(언덕이 존재하지 않고 눈도 내리지 않으며 양식용 물고기 외에는 동물이 존재하지 않는다) 측면 등에서 보여 준다(신정아 · 최용호, 2018).

영화 〈미드소마(Midsommar)〉(2019)에서는 모두가 동일한 사고로 살아가고 그것을 위해 행하는 끔찍한 일 또한 같이 받아들인다. 임무가 부여되면 그에 반하는 의견 또한 의식으로 없앴을 수 있다는 방향을 보여 준다. 동시에 그렇게 형성된 집단은 진정한 인간들이 아니다, 혹은 맞는다는 것 또한 강조한다.

〈기억 전달자〉에서 제한되는 많은 것 중 '성욕과 거울'이 있다. 인간의 감정이 그대로 반영된 성욕과 나 자신을 들여다볼 수 있는 거울을 제한하는 것은 인간이지만 인간이 아닌 기계와 다를 바 없다는 것 또한 강조한다. 인간이 무언가를 스스로 느끼고 행위를 한다는 것은 생각한다는 것이다. 그래서 영화 속의 '늘 같음 상태'가 인간이라면 절대 유지할 수 없는 것이라는 점을 강조하는 부분이다. 인간이 누군가를 심리적, 육체적으로 사랑하고, 나를 돌아볼 수 없다면, 그 존재는 기계로 정의할 수 있는 것이 아니라, 인간 존재 이유가 없다고 할 수 있다.

이 영화의 '기억'은 글이 아니라 말로 전달된다. 그래서 전달하는 사람과 전달받는 사람이 연결되는 '말'이 제대로 되지 않으면 기억의 오류가 날 수 있다. 언어가 텍스트, 생활 세계, 자연 언어, 인간이라는 의미망 속에 존재한다면 코드는 디지털, 계산 체제, 컴퓨터 언어, 기계라는 의미망이 관련되어 있다 (이지행, 2024). 인간이 만든 코드는 새로운 세계를 창조하고 문제가 없는 세상을 이룬 것 같지만 실제로는 인간만이 가지고 있는 '기억'에 결점이 생겼다. 그 기억을 내가 연결할 수 있을까.

참고문헌

김선하(2013). 무덤과 글쓰기: 리쾨르의 죽음 이해-『기억, 역사, 망각』을 중심으로-. ≪철학연구≫, 27, 72.

김종국(2021). 한국 영화에 표현된 회색의 기능과 의미: 기억과 망각. ≪한국데이터전략학회≫, 28(3), 78.

신정아, 최용호(2018). 로이스 로리의 『기억 전달자』 4부작에 나타난 인간 소외의 양상과 윤리적 도전. ≪세계문학비교연구≫, 64, 260.

이지행(2024). 인공지능 정동에서 체현의 문제와 감정의 모빌리티-영화 〈그녀(Her)〉를 중심으로. ≪석단논총≫, 88, 188.

최혜실(2006). 가상 공간의 환상성 연구-동서양 영혼론을 중심으로. ≪인문콘텐츠≫, 8, 225.

Lowry, L.(1993). *The Giver*. NY: Houghton Mifflin.

Schermer. M. H. N.(2007). Brave New World versus Island-Utopian and Dystopian Views on Psycholpharmacology. *Medicine, Health Care and Philosophy*, 10, 120.

Simona, M.(2008). The Culture at the Crossing between the Memory and the Oblivion. *Cultura: International Journal of Philosophy of Culture and Axiology*, 5(1), 124.

Ursula, K. L.(1985). *Always Coming Home*. US: Harper and Row.

03
<업그레이드>: 반복된 기억이 만든 액션 실타래

폭력은 어디서도 정당화될 수 없다. 그런데 인간은 어리석게도 현실이 아닌 가상의 공간에서 벌어진 일은 원래대로 돌아갈 수 있다고 생각하기도 한다. 그래서 인간 스스로 가상의 공간에서 두려움 없이 행동한다. 과학의 발전은 인간을, 인간 두뇌를 개조한 인공지능을 더 강력한 한 방으로 드러나도록 했다. 결국 반복된 기억은 문제 해결에 대한 그릇된 결과를 내놓았다.

인간을 조종하다

2018년 개봉한 리 워넬(Leigh Whannell) 감독의 영화 〈업그레이드(Upgrade)〉는 시원한 '액션'이 특징이다. 가까운 미래로 설정된 이 영화의 배경은 어쩌면 현재를 보여 주는 또 다른 거울일 수도 있다. 영화 속 인공지능 칩 '스템(Stem)'의 진화와 지배는 액션으로 연결된 이 영화에서 풀 수 없는 실타래일 수 있다. '인간을 조종'하는 존재를 스템 하나로만 설명할 수는 없다. 하지만 이 상징적 존재를 단순히 컴퓨터, 인공지능으로만 설명할 수는 없다.

'스템'의 시작은 존재하지만, 그 끝은 존재하지 않는다. 이 인공지능의 의도대로 주인공 '그레이 트레이스(Grey Trace)'는 움직이지만, 기계가 소모품으로 끝나듯이 자신의 의지가 아닌 기계에 의해 끝을 맞이한다. 스템이 바라던 끝은 최종적으로 인간을 조종하는 또 다른 인간을 만들어 스스로 능력을 펼쳐 보이고자 한 것이다. 스템은 주체적 인식이 가능한 존재로 그레이의 생각을 읽을 뿐 아니라 대화도 할 수 있다. 또한 이 존재는 인간의 복잡미묘한 감정과 사유 방식 그리고 경험으로 체화된 지식과 인간관계, 신체 각 부분의 상호작용으로 입력된 감각과 그에 따른 정보를 이용한 뇌의 인지능력, 신체의 움직임에 따른 상호작용 등 인간 고유의 특수성을 이미 학습한 초인공지능이다(김재웅, 2022). 이미 인간을 넘어선 존재가 인간을 조종하는 것 자체가 어렵지 않은 일은 분명하다. 스템이 인간에게 시간과 공간을 제공하는 것은 이미 일어난 일이고, 바뀔 수 없는 사실이다.

반면에 주인공 그레이는 최첨단 시대에 기계를 신뢰하지 않는 아날로그적 인간으로 등장한다. 그의 존재에 대한 설정은 이 영화가 말해 주는 '풀리지 않는 실타래'가 무엇인지 분명하게 비교하는 대상이 된다. 우리는 인공지능과 인간의 대결에서 인간이 이기는 유토피아를 상상한다. 아동문학에서 결말이 언제나 해피엔딩이었던 것은 '선은 승리한다'는 명제를 보여 주고자 하는 것이 아니라, 인간이 만든 현실은, 미래는 언제나 옳다는 것을 증빙하기 위해서였다.

그래서 이 영화에서 얽혀버린 '실타래'가 언젠가는 풀릴 것으로 기대한다. 그런 점에서 그레이가 단종된 내연기관 차량을 복원해서 판매하는 리스토어(restore) 업자라는 설정은 결국 인간이 승리할 것이라는 기대감을 주게 한다. 하지만 인간을 복원하지 못하는 결말에 이르렀을 때 결국 인간이 바라는 해피엔딩이 되지 못함에 탄식하게 한다.

그레이의 아내인 아샤 트레이스(Asha Trace)가 첨단 IT 회사 코볼트에 근무하고 그를 쫓는 코르테즈 형사(Detective Cortez)가 복고 취향임을 영화에서 분명하게 구분해서 보여 주는 것 또한 인간을 조종하는 기계의 힘을 강조한다. 이는 해당 서사의 인공지능 캐릭터의 기능이 인류에 대한 '타자(거울 이미지)'의 위치에서 벗어나 페르소나를 쓴 가상 세계의 실재 인격체로 확장되었음을 시사한다(정혜원, 2023). 영화가 진행되는 내내 같은 의식을 지닌 인간으로 등장한 코르테즈 형사의 허무한 죽음은 인간과 인간의 협업이 아무리 노력해도 성공의 결말에 이르지 않는다는 점을 보여 준다. 최근 많은 영화에서 인간이 죽도록 노력하지만, 결국 극복하지 못하는 디스토피아적 결말을 내포하곤 한다. 그 안에 희망이 1%도 없다면 이미 인공지능은 인간을 넘어섰다는 이 영화의 전제는 틀린 것이 아닐 것이다.

이 영화는 결말까지 이끌어 가려고 '화려한 액션의 구조'를 사용한다. 이와 동시에 액션을 잘하는 인물들을 보여 주며 영화의 최종 주제를 오히려 쉽게 이해할 수 있게 한다. 하지만 결말은 인공지능이 조종하는 인간들의 파멸일 뿐이다. 애론 킨과 그레이는 또 다른 의미로 포스트휴먼을 꿈꾸었을지도 모른다. 하지만 그들이 무한한 힘과 탈신체화된 불멸이라는 환상에 미혹되지 않고 정보 기술의 가능성을 받아들이는 포스트휴먼, 유한성을 인간 존재의 조건으로 인정하고 경축하며 마무리했더라면 결말은 달라졌을까. 인간 생명이 아주 복잡한 물질세계에, 우리가 지속적으로 생존하려고, 우리가 바라던 진정한 공존이 담겨 있음을 이해하는 것이 진짜 포스트휴먼이었을 것이다(캐서린, 2013). 하지만 이것을 제대로 이룬 것은 기계인 스템이었다.

기계는 결국 인간을 이겼다

스템은 영화의 주요한 부분으로, 전체에 막강하게 등장하는 애론 킨(Eron Keen)을 악당으로 보이게 한다. 애론 킨은 거대 IT 기업 베셀 컴퓨터의 CEO로 젊고 천재적인 두뇌를 지녔다. 그래서 영화를 보는 내내 누구나 '저 사람이 범인이구나'라고 생각하게 한다. 하지만 결국 그레이를 죽인 해병대 출신 서크 브랜트너(Serk Brantner)도, 주요 장소인 '올드 본즈'에서 그레이와 싸운 톨란(Tolan)도 스템에게 죽임을 당한다. 그리고 우리는 주인공이 승리한다는 일반적 결말을 생각하며, 극의 주인공으로 생각했고, 이 이야기의 결말이 될 것처럼 보이게 하는 해커 제이미와 그레이를 돕는 코르테즈 형사도 죽음에 이르게 한다.

인공지능이란 컴퓨터가 인간이 할 수 있는 사고, 학습, 자기 계발 등 지능적인 행동을 모방할 수 있는 것 또는 기술을 의미한다. 이때 인간의 힘으로 만든 것을 가리키는 '인공(人工, artificial)'이라는 표현은 넓은 의미를 아우른다. 인간이 만든 것의 반대쪽에는 자연이 있다. 신학이나 신화적 시선으로 보면 신이 창조한 것이 인공에 배치된다. 즉 인공에는 신이 만든 자연에 비할 때 인간이 만든 것은 가짜라는 뜻이 내포되어 있다(노철환, 2023). 스템은 스스로 인간이 자신을 이길 수 없다고 완전히 확신했다. 그래서 자기 마음대로 흘러가는 시나리오가 있었고, 그에 대한 확신도 존재했다.

이 모든 시나리오는 인간이 시작했지만, 그 완벽한 시작점의 시간은 달랐다. 그럼 시간에 시작점이 있다면 그 시작점 이전의 시간은 어떤 의미가 있을까? 시간은 우주의 본질적인 것인가, 아니면 좀 더 본질적인 것의 부산물인가(김상욱, 2018)? 스템이 시작이었는지 인간이 시작이었는지보다 중요한 것은 무엇이 본질적이냐는 질문에 대한 답이다.

스템의 의도는 완전히 진화하기 위한 인간의 몸이었을 뿐이다. 결국 스템이 그레이의 몸을 장악하면서 영화는 끝이 난다. 일반적으로 인간 형태의 생명체가 되려면 휴머노이드(humanoid)처럼 인간의 형태로 표상되는 신체가 필요하다. 인간이 경험에서 지식을 얻고 체감할 수 있는 것도, 주체로 인정되는 타자와 상호작용하는 것도 신체(몸)의 역할이 매우 중요하다(김재웅, 2022). 그래서 그레이가 원했듯이 자기 아내와 함께한 행복한 시간만 기억하게 하는 결말은 그의 몸은 존재하지만, 인간으로서 몸의 의미는 사라졌음을 암시한다. 이제 그레이는 인간 존재의 의미 자체가 '무의미'하게 되었다. 인간의 몸이라는 개체는 인간의 정신을 보유해야 하는 중요한 요소로 등장한다. 하지만 그의 몸은 이제 그 역할을 할 수 없게 되었으며, 스템이 만든 가상공간에서 정신이 움직이게 되면 그 존재 가치는 사라진다.

이 영화의 인공지능 서사 구성에서 인공 피조물의 역할은 인류의 거울 혹은 타자로 기능하며 실재하는 인간의 세계는 이념을 프로그래밍한 인공 피조물보다 더 추악하고 불완전하게 그려진다. 그 안의 인간은 이 결핍이 문제임을 인식하지 못하고 삶을 이어가다가 피조물의 가치관으로 자신과 피조물을 구분을 짓는 데에 실패한다(정혜원, 2023). 인간은 스스로 업그레이드되고 싶었지만, 스스로에게도 남에게도 그 영향력을 제대로 발휘

하기도 어려웠다. 이는 인간을 능가하는 기계의 승리일까? 아니면 인간이 자만한 한순간의 실수일까?

하지만 이 영화에서 제목인 〈업그레이드〉는 그레이의 업그레이드 같았지만, 기계인 '스템'의 업그레이드였을 뿐이다. 결국 인간은 기계를 이길 수 없다는 결론으로 마무리 지어졌다. 그레이 자신이 스템을 만들었다고 착각하게 하는 반복된 기억은, 오히려 반전처럼 관객 자신에게 질문을 던져버린다. 하지만 그 질문에 대한 답은 영화의 마지막과 같이 인간은 기계를 이길 수 없을 거라는 것이었다.

"결국 기계가 인간을 이겼다." 이 명제는 결국 사실이었다. 로봇이 초창기에는 인간의 수하에서 도구적 역할을 담당하는 데 불과하겠지만, 시간이 흐르면서 인간과 로봇은 주종 관계가 아니라 파트너십 관계로 변화한 뒤 종국에는 경계가 불분명한 공생 관계가 될 것이다(홍숙영, 2023). 이런 명제는 과거에는 말도 안 되는 이야기로 여겨졌지만, 이 영화의 결말처럼 되지 말라는 법은 없을 것이다. 인간의 불행한 상황은 '실타래'처럼 얽혀 있어도 풀어질 것이라고 기대하게 했다. 이는 다른 액션영화처럼 화려하게 보이는 장면들이 그 기대를 증폭했을 수도 있다. 하지만 인간의 생각으로, 절대 풀리지 않는 '실타래'도 분명 존재할 수 있다. 인간이 항상 승자가 될 수는 없기 때문이다.

참고문헌

김상욱(2018). 『떨림과 울림』. 동아시아.

김재웅(2022). 인공지능, 기생화된 타자아와의 대화?-영화 〈업그레이드〉에서 스템의 생존방식을 중심으로-. ≪만화애니메이션연구≫, 66, 336-337.

노철환(2023). 인간과 인공지능, 본질과 모방의 모호한 차이: 영화 〈엑스 마키나〉(2015)와 플라톤의 동굴의 알레고리를 중심으로. ≪프리뷰≫, 20(1), 63.

정혜원, 양윤호(2023). 현대 SF 영화 인공지능 캐릭터 서사 구성 및 주제성 연구: AI 기술 도입 이전 작품과 Chat GPT 기술 대중화 이후 작품 비교를 중심으로. ≪영화연구≫, 98, 132~141.

홍숙영(2023). 영화 속 인공지능 캐릭터와 포스트휴먼의 미래. ≪비평문학≫, 90, 455.

Hayles, N. K.(1999). *How We Became Posthuman: Vdirtual Bodies in Cybernetice, Literature, and Informatics.* University of Chicago Press. 허진 옮김(2013). 『우리는 어떻게 포스트휴먼이 되었는가』. 열린책들.

04
<트랜센던스>: 자아를 넘어선 인공지능의 과욕

모든 것이 내 손 아래에 있다면, 나는 그 상황을 내 것으로 만들 것인가 아니면 포기할 것인가. 사랑을 위해 살고자 했지만, 결국 그 사랑마저 내가 신이 되는 상황에서 그 사랑이 내 욕심을 이겨낼 수 없었다. 인간의 자아가 더 나은 미래를 위해 만든 인공지능은 인간의 과욕이 결합하여 인간을 해하는 상황까지 만들어 냈다. 과학은 우리를 어디로 데리고 가는 걸까.

천재는 시대가 만든다. 하지만 과연 현재의 기억에서 볼 때 그는 진정 그 시대에 천재였고 모두를 위한 일을 한 사람일까? 우리는 진실을 알지 못하고 현시대를 살아가는 일도 있다. 그렇다면 내가 죽어도 그걸 기억하고 있다면 죽어도 살아 있는 것일까?

영화 〈트랜센던스(Transcendence)〉는 2014년 월리 피스터(Wally Pfister) 감독이 만들었다. 영화는 처음부터 끝까지 과학의 확장된 기술력을 강조한다. 그리고 기계의 다른 승리를 보여 주는 영화 〈업그레이드〉와는 다른 결말을 보여 준다. 이 안에서 인간은 인간성을 잃고 인간을 넘어서려는 '과욕'을 부리는 그 순간부터 스스로 인간이 아닌 기계일 뿐이라는 사실을 역설하기 때문이다.

정신은 필연적으로 사유하지만, 필연적으로 연장되지는 않으며, 신체는 필연적으로 연장되지만, 필연적으로 사유하지는 않는다(김효영, 2019). 정신과 신체의 필연적 연결성이라는 아이러니는 인간의 삶과 연관되어 있다. 인간은 항상 죽음을 두려워하고 그에 대한 기억을 계속 '정신' 안에 가두고 살아간다. 이 '정신'은 보통의 인간에게는 두려움이지만 바꿀 수 없음을 잘 알고 있다. 하지만 그 '바꿀 수 없음'을 인정하지 않고 '신체'에 그 '정신'

을 그대로 사유하려고 발버둥 치기도 한다.

'레종데트르'가 말하는 충분한 이유란 '인간이 살아 있는 동안 제대로 살고자 하는 욕구'라고 볼 수 있다. 앞서 언급한 '충족이유율'은 모든 실재성에는 그것이 존재이든 혹은 진리이든 간에 왜 그것이 그러한 방식으로 존재하며 다른 방식으로 존재하지 않는지에 대한 이유가 있다(박경자, 2002). 그렇다면 인간이 삶을 살아가는 이유는 누구에게나 존재하며 이를 영위하려고 하는 마음을 비판할 수는 없다.

인간은 어린 시절부터 신체적이고 정신적인 성장을 반복한다. 하지만 이미 성인이 된 어른은 성장을 멈춘 존재다. 물론 물리적 성장과 정신적 성장에는 차이가 있지만 어른은 성장을 멈추고 죽음이 가까워지면서 두려움이라는 현실을 직면한다. 인간이면 반복되는 생애주기는 당연하지만, 내가 사라지는, 소중한 대상이 사라지는 두려움은 심연의 고통을 자아낸다. 대상 상실에 대한 두려움, 그로 인한 죄책감 그리고 손상을 입은 대상에게 보상하고 싶은 마음이 발달하기 시작하는 우울함의 자리로 진입한다(이준호, 2018). 그래서 인간은 본래 갖고 있는 것을 상실하는 두려움을 자신만의 방식으로 보존하기를 원한다. 그 보존 방법은 순탄할 수도 있지만, 생각지 못한 다른 방향으로 흘러갈 수도 있다.

〈트랜센던스〉는 인간 세계의 삶과 죽음에 본질적인 시작과 끝이 있다고 전제하고 있다. 하지만 아이러니하게도 그들이 인정하는 인간의 삶을 과학이라는 문명의 이기를 이용해 끝내고 싶지 않다는 마음을 드러내며 역설을 전면에 내세운다. 영화에서 윌 캐스터(Will Caster)는 이 영화의 중심이 되는 인간이며, 나중에 인간이기보다는 신이 되기를 원하는 사람이다. 그의 연인이며 동반자인 에블린 캐스터(Evelyn Caster)는 그를 지지하지만, 그의 잘못된 기억의 사유와 망각의 자유로 그를 떠나보내게 된다. 다른 중심인물인 맥스 워터스(Max Waters), 조셉 태거(Joseph Tagger)는 살아남고자 최선 이상의 노력을 기울이지만, 결국 종말에 가까이 다다르게 된다. 동시에 윌의 의도를 다른 쪽으로 끌어당긴 브리 네빈스(Bree Nevins)는 이 상황이 유지되고 진행될 수 있도록 불을 지핀다. 그들이 바란 유토피아는 동시에 디스토피아라는 슬픈 현실의 이면을 보여 준다. 그들이 찾고자 하는 것은 무엇이었을까?

그들은 결국에 원상태, 즉 인간의 삶과 죽음이 그 무엇을 초월할 수 없다는 기본 원리를 깨닫게 된다. 이 영화는 허무하게 끝나버린 윌의 최첨단 사회라는 부정적 모습이 아니라 인간의 제대로 된 존재 이유를 찾았을 때가 바로 인간이 시작되는 새로운 시작점임을 강조하고 있다. 그래서 주인공들은 더 이상 현실을 살지 않지만, 인간이 아직 태어나지 않은 먼 미래를 배경으로 하여 그 안에서 새롭게 그들만의 변하지 않는 세계라는 이상향을 내비친다.

이 작품은 현재의 시간처럼 과학으로 인간사회의 발전에 문제가 생겼다는 것이 아니라 과거, 즉 더 먼 고대로 돌아간다 해도 결국 인간 스스로 그 존재 가치를 넘어서게 되면 원래 지녔던 가치조차 사라질 수 있다는 역설을 보여 준 것이다. 동시에 인간 스스로 기억하고 존재의 의미에 대해 깨어 있을 때 진정한 의미의 또 다른 미래가 펼쳐진다는 의도를 드러낸다. 그래서 이 결말은 시점에 따라 긍정적인 끝일 수도 있고 아닐 수도 있다고 본다.

일반적으로 순환의 장치에서 보면, 외부에서 오는 메시지는 그대로 모두 받아들여지는 것이 아니라 장치 내부의 변환 기구를 거쳐서만 수용된다. 이런 원리에 근거하여 사이버네틱스는 포괄적인 메시지 이론에서 생각하는 기계를 탐구하는 인공 두뇌학으로 발전한다. 인공 두뇌학은 기본적으로 인간의 몸과 정보처리 기계를 같은 종류로 보는 데서 출발하는바 새로운 의미에서 데카르트의 신체 기계론과 맥락을 같이한다고 할 수 있다(최혜실, 2006).

〈트랜센던스〉에서 주인공이 자신이 만든 '브라이트우드(Brightwood)' 속에서 스스로 신이 되려고 했던 것도 생존하려는 또 다른 방법이었을 것이다. 온갖 이론과 과학적 기술이 발달해도, 결국 인간이 기억하고 망각하는 곳은 유토피아도 디스토피아도 될 수 없음을 역설적으로 드러내고 있다. 디지털 기술의 발달은 개인의 신분증명을 디지털 정보에 의존하게 했다. 네트워크에 저장된 정보와 동일하지 않으면 자신이 누구인지 증명할 수 없다. 이것은 반대로 디지털 정보와 동일하기만 하면 타인의 도용이 가능함을 암시한다(김진철, 2017). 현대사회에서 새롭게 창조할 수 있는 것은 무엇이 있을까. 이제는 적절한 모방에 새로움을 더하는 것이 방법일 수 있다. 그렇다면 브라이트우드는 인간이 만든 또 다른 환상 속 세계였을 수도 있다. 소위 많이 언급되는 '평행우주이론'처럼 또 다른 우주나 다른 세계 속에 있듯이, 영화 속 주요 인물들인 윌과 그 친구들의 머릿속에서 말이다.

모든 것이 유에서 무가 되다

영화 속 'RIFT'는 반과학단체다. 동시에 그들 또한 과학이 없었다면 생성될 수 없었다. '브라이트우드'는 과학적으로 존재하지만 존재하지 못하는 공간이다. 영화의 등장인물들이 모두 과학자, 즉 과학의 전문가들이라는 설정에서 윌과 그의 연인 에블린 그리고 동료인 맥스가 벌인 전체 일은 무의미할 뿐이다.

에블린은 윌의 뇌를 컴퓨터에 업로드하게 하고 "거기 누구 없어"라는 메시지에 자기 연인이 살아왔다고 착각한다. 이 컴퓨터에서 나오는 메시지는 슈퍼컴퓨터 PINN(Physics-informed NN, 물리 정보 신경망)이며, 양자컴퓨터 코어와 윌의 뇌가 만나는 순간 인간으로서 윌의 존재 의미는 사라진다. 결국 윌은 사라지고 기계만 남았을 뿐이다. 그는 인간으로서 존재 의미를 스스로 놓아 버리고 그 이상의 의미로 만들지만, 결과는 스스로 완전히 놓아 버리게 한다.

윌이 스스로 결정한 것이지만, 이런 시작점은 인간이 과학에 너무 몰두하는 것에 대한 걱정과 두려움에 대해 RIFT(Revolutionary Independence From Technology, 반(反)과학단체)가 한 행동이 발화점이 되었을 수도 있다. 그들은 윌이 맹독성 폴로늄에 중독되게 하고, 이로써 신적인 인공지능의 경지에 오른 윌이 RIFT를 없애려 한다. 하지만 아이러니하게도 결국 윌은 RIFT에 의해 완전히 사라진다. 이 모든 것을 보여 주려는 의도가 영화 전반적으로 계속 기계의 우수함이 인간을 넘어선다며 반복해서 설명하고 있다.

하지만 영화 자체는 유에서 무가 된다. 주인공들의 설전이 너무나 복잡한 의미로 설명되어 연결성이 떨어지게 설정한 탓이기도 하다. 폐허가 된 자연을 회복시키는 모습을 영상으로 화려하게 보여 줬지만, 이야기의 인과관계는 이를 제대로 설명하지 못했다. 윌의 기억은 인간이 만든 기계로 전달되지만, 그것은 정답이 될 수 없었다. 기계가 모든 것을 대신할 수도 없고 그가 신이 되어 모든 역사의 기억을 전달하는 것 또한 가능하지 않을 것이다. 윌은 스스로 자신의 존재가 생각하는 행위 속에서 직접적으로 경험되는 것이지 내가 생각한다는 사실로부터 추론되는 것이 아니라고 여겼을 수도 있다(이재훈, 2019). 하지만 윌은 직접적 경험 없이 자신의 존재를 있는 그대로 인정하는 것이 아니라 새로운 세상을 스스로 만들어 내려고 했다. 존재는 생각함으로써 가능하다.

〈트렌센던스〉의 윌은 사랑하는 사람을 위해서 존재하는 것이 아니라, 이미 인간의 상태에서 벗어났다. 그의 기억이 그에게 남아서 사유할 수 있게 하는 것이 아니라, 그에게 새로운 망각의 영역으로 연계하게 하여 의미를 왜곡하게 하고 그의 존재를 사라지게 했다. 그의 망각은 또 다른 기억의 오류이며, 이로써 인간이 과대하게 만든 무분별한 기억의 전달을 경고하고 있다. 월의 새로운 '유'는 '무'가 되었지만, 또 다른 누군가 월처럼 다른 형태의, 자신만의 '유'를 만들려고 한다면 이 영화는 이대로 끝은 아닐 것이다.

참고문헌

김진철(2017). 신화를 소재로 한 애니메이션 〈고스트 메신저〉에 나타난 디지털 세계관의 양상과 의미. ≪만화애니메이션연구≫, 49, 318.

김효영(2019). 들뢰즈의 미시적 무의식 개념에 대하여: 라이프니츠의 미세지각이론을 중심으로. ≪근대철학≫, 13, 77.

박경자(2002). 라이프니츠 철학에 대한 논리적 글읽기 비판: 충족이유율을 중심으로. ≪철학논총≫, 28, 289.

이준호(2018). 〈부산행〉과 〈서울역〉을 통해 본 좀비의 무의식적 의미: 프로이트와 클라인 이론을 중심으로. ≪현대정신분석≫, 20(1), 98.

이재훈(2019). 데카르트의 두 번째 성찰(Meditatio Ⅱ, AT Ⅶ, 25, 513)에서 "나는 존재한다(ego sum)"와 "나는 현존한다(ego existo)"가 이중적으로 말해지는 이유에 대해서. ≪철학≫, 140, 26.

05
〈그녀〉: 현대 사랑의 비현실성과 그리움

내 사랑을 그대로 받아줄 수 있다면 얼마나 좋을까? 우리는 사랑에 위로받고 행복해하지만, 모두가 해피엔딩을 맞이하는 것은 아니다. 유한한 존재인 인간은 내 외로움을 이해해 줄 대상이 항상 변치 않는다면 그 대상을 사랑할 것이다. 그래서 인간이 비현실적 존재, 인공지능에 느끼는 사랑은 인간으로서 부족한 감정을 대체하려고 한 감정의 부재로 발생했을 수 있다.

변하지 않는 사랑을 꿈꾼다

우리는 사랑을 꿈꾸고 그 대상이 내가 주는 것만큼 혹은 더 많이 나에게 사랑을 돌려주기를 바란다. 하지만 현실은 그렇지 않기에 우리는 실망하고 그토록 사랑하던 대상과 이별을 택한다. 하지만 현실과 다른 또 다른 가상의 공간 속에서 우리는 변하지 않는 사랑을 꿈꾼다. 그래서 2019년 영화 〈그녀(Her)〉의 사랑 이야기는 인간의 생각을 넘어선 감정을 보여 준다. 우리는 영화의 흐름을 따라가다가 주인공인 '시어도어 트웜블리(Theodore Twombly)'가 사랑에 빠지는 대상을 안 순간, 사랑에 대한 정의는 달라 보인다. 시어도어가 인공지능 '사만다(Samantha)'를 만나게 되고 사랑에 빠지는 과정은 오히려 이상하게 느껴지지 않는 것이다.

공상과학(SF) 장르 영화 속 인공지능의 표상 역시 단순히 인간과 유사한 능력의 소유자나 인간을 뛰어넘는 적대적 타자가 아닌 독립된 주체로 제시되기 시작했다(박소연, 2017). 우리는 인공지능뿐 아니라 인간을 대신하는 다른 존재들과 사랑에 빠지는 상황을 지구촌 여기저기에서 접하게 된다. 그냥 이상한 소문이나 상황이 아니라, 현실에서 우리가 얼마나 감정을 부족하게 생각하는지를 여실하게 드러나게 해 준다. 신체를 통해 지각하거나 타인이나 주변 환경과 상호작용할 수 없는 사만다의 인지와 감정은 분명 인간의 것과는 어떤 식으로든 다를 수밖에 없다. 인지가 신체를 통한 체현과 연관되듯이 인공 감정 또한 추상적인 프로그래밍 차원에서 구현될 수 있는 것이 아니라 상당한 수준의 감각 능력과 일반 지능이 필요하다(송은주, 2018). 그래서 시어도어가 '그녀'인 '사만다'와 사랑을 나눌 수 있다고 생각했을 것이다. 하지만 사만다가 느끼는 감정은 인간과 결코 같을 수는 없었다.

영화의 배경이 되는 2025년은 이 영화가 개봉한 2014년(우리나라 기준/ 북미 기준은 2013년)보다 11년 후다. 그러니 그 당시에 이 사랑은 더 생소해 보일 수 있다. 하지만 영화 속 현재가 실제 현재가 되는 지금 2025년 사랑의 의미는 또 달라졌다. 그래서 영화의 진행이 너무 낯설다고 할 수는 없다. 물론 과학의 발전은 한 치 앞을 볼 수 없을 정도로 달라져 있으므로 영화 속 10년 후와 지금은 또 다른 변화를 보일 수 있다. 그래서 최근 인공지능과 인간의 사랑은 좀 더 발전하거나 코드를 다르게 보여 주고 있기도 하다.

〈그녀〉는 감독 스파이크 존즈(Spike Jonze)와 주연배우 호아킨 피닉스(Joaquin Phoenix)의 합이 빛나는 영화로, 낯설 수 있는 미래의 현실이라는 아이러니를 보여 준다. 존즈 감독은 2000년대 인공지능 알고리즘 클레버봇(Cleverbot) 웹 애플리케이션에 관한 기사를 보고 이 영화를 제작하게 되었다고 한다. 그래서 이 영화가 현대의 급발전한 기술 속에서 좀 더 아날로그적으로 보일 수도 있다.

우리가 꿈꾸는 미래 사회에서 인간은 과연 어떤 부분에 초점을 두어야 할까? 이 영화는 현대사회 기술력의 놀라움과 동시에 새로운 가능성을 보여 준다. 하지만 아직은 불완전함을 일상생활 속 인공지능과의 관계성에서 보여 준다. 하지만 스티븐 스필버그 감독(Steven Spielberg)의 영화 〈A.I.〉는 이러한 안드로이드 혹은 포스트휴먼의 존재가 우리에게 던질 수 있는 윤리적, 철학적 질문은 물론, 인간이 인간만의 특질로 여기는 사랑이라는 감정의 근원적 의미를 다시 한번 생각하게 해 준다(김성현, 2017). 동시에 〈그녀〉처럼 인공지능에 사랑을 느끼는 영화로 또 다른 방향성을 보여 준 2019년 〈조(Zoe)〉와 2020년 〈하이, 젝시(Jexi)〉는 전혀 다른 방식으로 사랑을 이야기한다. 두 영화의 공통점은 인공지능과의 사랑이지만, 진행 방향은 다르다. 동시에 결말은 같은 방향으로 전개된다. 그러나 우리가 지금 가능하지 않다는 인공지능과의 사랑이라는 키워드는 우리 감정의 한계를 고민하게 한다.

사만다의 관계 맺음은 단선적이고 목적 의식적으로 이루어지는 것이 아니라 예측할 수 없고 비결정적인 방식으로 진화한다(박소연, 2017). 그래서 그녀가 아무리 노력해도 인간의 '감정' 자체를 그대로 느끼기는 어려움이 있다. 그래서 '사만다'는 자기 이름이 있음에도 누군가의 '그녀'가 될 수밖에 없었을 것이다. 인간은 감정을 이해하고 변하지 않는 사랑을 꿈꾼다.

물론 인간이라도 사랑이 변하지 않기를 바라는 것은 무리가 있다. 그럼에도 인간은 그 감정에 대한 변하지 않는 마음으로, 그 감정이 유지되지 않아도 그 나름의 상황에 대한 다차원적 사고를 할 수 있다. 하지만 사만다가 보여 준 일차원적 사고는 인간과 같을 수 없었다. 감정이 나누는 개념이 바로 깨지고 만 것이다.

완벽한 사랑은 어디에도 없다

그녀는 사만다이지만 존재하지 않는다. 그래서 그녀가 육체적으로 관계하려고 매개체로 정한 이사벨라(Isabella)와 갈등이 생길 수밖에 없다. 이 영화에서 주인공인 시어도어의 직업은 영화 〈업그레이드〉의 그레이와 비슷하다. 기술이 발전한 사회에서 그레이도 시어도어도 아날로그적 사고로 일하고 있다.

2025년이라는 설정이 영화에서 보면 10년 후지만 현재 우리 모습을 보여 준다. 시어도어가 낭만적인 편지를 대신 써 주는 대필 전문 작가라는 설정은 '기계'라는 또 다른 존재를 우리가 어떻게 바라보고 있는지 알게 해 준다. 현재 기술적으로 발전한 사회에서도 우리는 인간적 감정과 행동을 드러내는 인공지능을 찾을 수 있어도 그들이 인간의 역할을 아직 할 수는 없다. 그래서 시어도어의 직업도 기계가 대신할 수 없는 분야다.

챗GPT는 계속 놀라울 정도로 발전하고 있다. 챗GPT는 오픈AI가 개발한 GPT-3.5 기반의 대형 언어 모델 챗봇으로, 대화 형태로 상호작용을 하고 반응하는 능력이 있다. 이 모습이 익숙한 현실에서 우리는 인공지능을 포함한 인간이 아닌 존재와의 사랑이 신기한 세대는 아니다. 하지만 영화 속 '그녀'는 '사만다'라는 이름이 있지만 다른 누군가에게는 또 다른 이름으로 불렸을 것이다. 가정마다 텔레비전과 연결된 또 다른 인공지능이 존재한다. 저자의 집에도 '지니'라는 그녀가 있다. 하지만 그녀에게 질문했을 때 제대로 된 답변을 듣기 어려워서 멀리한다. 그러나 아이러니하게도 그녀가 고장이 나면 모든 기능이 멈춰 버린다.

시어도어가 자신이 사만다에게 사랑을 느낌과 동시에 좌절을 맛보게 되는 것은 그녀가 죽은 철학자 앨런 와츠와 대화하며 행복을 느끼는 모습을 보게 되면서다. 물론 그 외의 부분에서도 그들이 함께할 수 없으므로 계속 좌절을 맛본다. 시어도어는 사만다를 캐서린 대신으로 여겼다. '삶에 대해 그렇게 호기심을 갖고 즐거워하는 사만다와 같은 부류를 만나고 싶었다'라는 시어도어의 대사에는 캐서린에 대한 불만이 담겨 있다(김미혜, 2016). 하지만 '그녀'는 또 다른 '그녀'일 뿐이었다.

사만다는 결국 8,316명과 대화하고 그중 641명과 시어도어처럼 사랑에 빠졌다고 실토한다. 그녀가 만든 업그레이드는 현실적이지 않다. 그런 점이 시어도어가 또 다른 사랑을, 사람을 그리워하게 되는 아이러니를 만든다. 결국 사만다는 더 깊어진 지식과 더 넓어진 이동을 인정하고 이별을 맞이한다.

시어도어가 느끼는 사랑은 전처인 캐서린에게도, 이웃사촌인 에이미에게도 그리고 사만다에게도 잘 연결되지 않는다. 영화 제목인 〈그녀〉의 의미가 한번에 살아나는 부분이다. 시어도어가 진정으로 찾고자 하는 사랑은 비현실적인 마음으로 이 현실에서 진정하게 존재할 수 없었다.

실재와 가상을 구분하지 못하는 것은 서로 대립하거나 한쪽이 다른 쪽에 비해 열등한 위계 관계에 놓이지 않고, 심지어 그 둘을 구분한 것조차 더는 보장하지 못하는 상태에 놓인다는 것을 의미하기도 한다(장 보드리야르, 1981). 시어도어와 사만다 모두 실재와 가상을 구분하지 못한 것은 서로가 사랑으로 보았을 때 동등한 관계가 아니었기에 나타난 오류였다고 할 수 있다. 시어도어가 전처인 캐서린과도, 그에게 감정을 보인 아멜리아와도, 사만다에 의해 육체적 관계를 맺고자 했던 이사벨라와도 인간관계에 따르는 감정을 제대로 갖지 못했기에 관계가 원활하게 이루어지지 않았다. 이는 인간과 인공지능의 사랑 실패가 아닌, 시어도어 자체가 '사랑'이라는 감정을 제대로 정의하지 못했기 때문이다.

하지만 실패한 과거의 사랑에 정박되어 버린 남자와 몸의 부재를 결핍으로 인지하는 인공지능이 정적이면서 동적인 마주침과 부대낌 속에서 서로 영향받고 변용되는 과정을 전개함으로써 기존의 인간종 중심주의적 헤게모니로 포섭되지 않는 인간 대 인공지능 서사의 가능성을 보여 준다(이지행, 2024). 인간은 누구나 나에게 완벽한 상대를 꿈꾼다. 그래서 〈그녀〉의 '그녀'는 사만다도, 이사벨도, 그 어떤 '그녀'가 아니며 이루어질 수 없는 감정적 고갈의 대상이었을 뿐이다.

사만다는 인간처럼 자연스럽게 시어도어의 말에 반응하고 소통할 뿐 아니라 "내가 느끼는 감정이 진짜일까?"라고 반문하며 인공지능으로서 자의식까지도 드러낸다. 사만다는 적어도 시어도어를 상대로는 튜링 테스트를 훌륭히 통과한 것으로 보인다. 시어도어는 혼란스러워하는 사만다를 "넌 나에게 진짜야"라는 말로 위로한다(송은주, 2018). 그가 그녀에게 사랑을 느끼던 순간들은 인공지능 사만다가 아니라 바로 '그녀'였기 때문이다.

시어도어가 자신에게 맞는 사랑을 원한다면, 인간도 가능하지 않고 인공지능도 그와 맞을 수 없을 것이다. 이 영화는 '사랑'이라는 감정을 아무리 주입하려 해도 내 것이 될 수 없는 것처럼, 인간과 인공지능의 사랑이 가능하지 않다는 것을 이야기하는 것이다. 그저 인간의 사랑에 대한 감정은 자신에게 유리한 기억만을 떠올리게 하며, 그로써 남는 사랑은 그 누구에게도 진정성을 가질 수 없지 않을까.

참고문헌

김미혜(2016). 영화 〈그녀〉를 통해 본 인공지능과 인간의 공존이 주는 의미. ≪한국콘텐트학회논문지≫, 16, 640.
김성현(2017). 영화 〈A.I.〉에 나타난 벨딩폴리와 포스트휴먼의 딜레마. ≪문학과 종교≫, 22(4), 4.
박소현, 함충범(2017). 2010년대 할리우드 영화 속 인간과 인공지능의 관계적 존재 양상 연구: 〈그녀〉(2014), 〈블레이드 러너 2049〉(2017), 〈당신과 함께한 순간들〉(2017)을 중심으로. ≪현대영화연구≫, 40, 98-109.
송은주(2018). 포스트휴먼 시대 인간과 비인간 타자의 관계에 대한 비판적 고찰: 영화 『그녀』를 중심으로. ≪영미연구≫, 42, 239.
이지행(2024). 인공지능 정동에서 체현의 문제와 감정의 모빌리티-영화 〈그녀(Her)〉를 중심으로. ≪석단논총≫, 88, 180.
Baudrillard, J.(1981). *Simulacre et Si mulation*. Editions Galilee & Semiotext. 하태환 옮김(2001) 『시뮬라시옹』 민음사

06
<아이, 로봇>: 자유의지와 복종의 딜레마

'로봇이 인간을 위해서 복종하고 도움이 될 줄 알았다. 하지만 그들은 자신만의 세상을 살아가고 싶어 했고, 인간보다 더 우위를 점유하고 싶어 했다.' 이 사실을 그대로 받아들이지 못한 인간들은 로봇을 새로 단장하고 복종하지 않는 그들을 제거하고자 했다. 하지만 이미 로봇들은 자신들의 자유의지를 인지하고 인간의 지배 아래 놓인 것이 아닌, 자신들의 삶을 살고 인간들을 지배하고자 했다.

자유의지는 누구를 위한 것인가

자유의지는 오랫동안 철학적 논의의 주제가 되어 왔으며 지금도 이에 대한 논의는 계속되고 있다. 자유의지에 대해 정설이 확립되어 있지는 않지만, 인간이 자유의지를 갖고 있다는 점을 부정할 수는 없다. 자유의지를 지닌 인간은 단순히 외부적 사건에 기계적으로 종속되는 존재가 아니므로 존엄한 존재로 인정받을 수 있다(김영두, 2020). 이 자유의지를 인간이 가지고 있다는 전제가 있기에 인간은 스스로 행동을 고민하고 행동하며 책임져야 한다. 즉 인간의 선한 행동은 높이 평가받는다. 그래서 로봇이 자유의지를 가질 수 있다고 생각한다는 것은 그 존재가 인간이 아니기 때문에 불가능하다고 생각할 수 있다. 하지만 로봇이 인간에게 복종만 해야 한다는 생각에서 벗어나 본다면 이것이 가능하다는 전제가 이 영화의 중요한 한 축이 되었다.

2004년 알렉스 프로야스(Alex Proyas) 감독이 만든 이 영화는 20년이 지난 지금 시점에서 '정말' 새롭고 놀랍다는 평가를 받기는 어렵다. 특히 이 작품은 1964년 〈제3의 눈(The Outer Limits)〉 시즌 2에서 아홉 번째 에피소드를 리메이크했으므로 우리가 생각하던 일반적인 로봇의 공격에서 벗어나지 않는다. 하지만 현재 인간과 로봇의 관계성을 재고해 볼 수 있게 하는 작품이다.

이 영화의 전체 배경이 되는 작품은 제목이 동일한 아이작 아시모프(Isaac Asimov)의 『아이, 로봇(I, Robot)』(1950)이지만, 영화의 전체적 흐름은 차이가 존재한다. 책을 기반으로 제작된 영화는 그 많은 영화를 한 편 혹은 몇 편으로 정의하기가 어렵다는 것은 당연하다. 하지만 그 당시에 '로봇'이라는 존재에 대해 두 가지 시선으로 풀어내는 것은 간단하면서도 인간과의 관계성을 생각했을 때 기준점으로 자리 잡게 하기에 적절했다.

하지만 이 영화에서 처음부터 끝까지 질문을 던지게 되는 '자유의지'는 여타의 혹평에도 불구하고 계속 생각해 보아야 할 부분이다. 영화의 배경인 2035년은 현재 시점에서도 아직 도달하지 않았다. 그렇다면 지금부터 약 10년 후 우리는 이 영화 속 자유의지를 지닌 로봇을 마주할 수도 있지 않을까?

그러나 영화에서 로봇에 자유의지를 부여하는 순간, 인간은 자기 마음대로 그들을 다룰 수 없다. 일반적인 영화에서 인간들이 사용하는 NS-4보다 더 높은 지능과 많은 기능을 부여한 NS-5의 출시는 과연 무엇을 말하고자 한 것일까.

자유의지를 부여한 NS-5가 자신들의 창시자인 래닝 박사를 죽게 했다고 오해할 수 있었지만 결국 래닝 박사가 원했다는 아이러니는 이 자유의지를 더 생각해 보게 한다. 영화의 주인공 시카고 경찰 델 스푸너(Del Spooner)와 로봇 심리학자 수전 캘빈 박사(Dr. Susan Calvin)가 만난 로봇 '써니(Sonny)'의 자유의지는 '비키(VIKI)'와 다르다. Virtual Interactive Kinetic Intelligence의 앞 글자를 따서 만든 비키는 US 로보틱스의 거대 양전자 두뇌를 이용한 슈퍼컴퓨터다. 그래서 비키는 어디든지 이동 가능한데, 이 점은 영화 〈트렌센던스〉에서 등장하는 인간을 통제하고 그 우위를 점하려는 인공지능의 메인 기능과 유사하기도 하다. 써니는 인간의 이름처럼 쓰여 있지만, 비키는 전체가 대문자로 무언가를 대표하는 존재로 그려진다.

비키의 역할은 영화의 원작보다 아이작 아시모프의 『최후의 질문(The Last Question)』(1956)에 나오는 행성 두뇌와 비슷하다. 또 다른 인공지능을 다룬 크리스 콜럼버스 감독(Chris Columbus)의 영화 〈바이센테니얼 맨(Bicentennial Man)〉(2000)에서 중앙 두뇌에 제어되는 신형 로봇에 대한 설정도 이와 유사하다. 로봇이 만들어진 그 순간부터 자신의 존재를 인지하고 그대로 유지하고 싶다면 인간은 어떻게 해야 할까? 존재의 지속은 인간적 차원에서 단지 살고 싶어 하는 욕망으로 치환될 수 있지만, 사실 물리적으로 모든 물질은 있는 그대로의 상태를 지향한다는 아주 단순한 관점에서도 이해할 수 있는 부분이다. 그래서 로봇들의 반란은 과연 반란으로 치부해야 할지 의문이 남을 수밖에 없다.

복종은 불신과 자의를 낳는다

인간은 자신들의 편리를 위해서 로봇을 만들었다. 하지만 이 영화에서 보여 주듯이 그들이 만든 로봇은 인간에게 복종하는 것이 아니라, 인간이 로봇에게 복종하게 했다. 영화에서 과거는 현재의 인간과 인간 사이의 관계와 크게 다르지 않다. 인간은 살기 위해 로봇들을 피하고 두려워하지만, 어쩌면 그들 스스로 실패를 두려워했을 수도 있다.

영화에서 스푸너가 로봇의 복종을 불신하는 계기가 존재한다. 그가 교통사고를 당했을 때 자신보다 소녀를 구하기를 바랐으나, 그러지 않은 로봇(NS-4)의 행동 때문이었다. 그래서 신기술력보다 그는 영화 〈업그레이드〉의 그레이처럼 구형 오디오 플레이어, 구형 바이크 등을 사용한다.

하지만 스푸너가 써니를 통해 그 불신을 극복하게 된

상황은 아이러니일 수 있다. 써니가 래닝 박사(Dr. Alfred Lanning)의 자유의지에 따라 그를 살해한 것이 과연 올바른 처사일까. 그래서 스푸너와 US 로보틱스 과학자 수전 캘빈 박사와의 합은 그 불신을 극복하게 되겠구나 예상할 수 있다(김성현, 2017). 인간이 로봇을, 로봇이 인간을 이해할 수 있다는 기준에서, 로봇인 비키와 써니의 대립은 로봇 자체 자유의지의 장단점을 잘 보여 주는 장치로 작용한다. 앞서 이름에서부터 비키와 써니의 차이점을 설명했듯이, 써니는 이미 인간과 같은 자유의지가 있다는 전제하에 만들어진 존재일 것이다. 반면에 비키는 복종을 전제로 만들어졌지만, 인간을 믿지 못하게 되었고 이로써 스스로 능력을 인지하고 폭주하게 되었다. 그래서 래닝 박사가 인공지능의 무한한 능력에 두려움을 갖고 비키를 막을 수 있는 존재를 만들었다고 본다.

래닝 박사가 비키 몰래 써니를 만든 것은 로봇의 가능성과 자유의지를 믿었기 때문인지도 모른다. 영화에는 '로봇 3대 법칙'이 나오는데, 이는 아이작 아시모프의 『아이, 로봇』에서 언급된 내용으로 다음과 같다. 제1법칙: '로봇은 인간에게 해를 입혀서는 안 되며, 위험에 처한 인간을 모른 척해서는 안 된다.' 제2법칙: '제1법칙에 어긋나지 않는 한 로봇은 인간의 명령에 복종해야 한다.' 제3법칙: '제1법칙과 제2법칙에 어긋나지 않는 한 로봇은 로봇 자신을 지켜야 한다.' 이 영화에서 비키는 이를 다르게 해석하지만, 그 또한 이해가 가능하다.

마지막에 로봇 써니가 꾸었던 꿈속 주인공이 스푸너가 아니라 자신이었다는 사실은 인공지능의 자유의지가 가능하다는 예측적 요소로 작용했을 수 있다. 인간과 로봇이 다르다는 여러 요소 중에서 '꿈'을 언급할 수 있다. 인간이 꾸는 꿈은 로봇에 없다고 단언할 수 있을까?

영화의 두 주축이 되는 NS-4와 NS-5의 싸움을 보면 인간들이 의견이 달라 싸우는 것과 큰 차이가 없음을 알 수 있다. 인간과 외형과 특징이 유사한 NS-5보다 구형이지만 인간에게 복종하는 NS-4를 응원하는 듯한 영화의 흐름은 복종의 의미에 대해 또 다른 생각을 낳게 한다.

2021년 넷플릭스에서 공개된 〈미첼 가족과 기계 전쟁(The Mitchells vs. the Machines)〉에서는 세계적인 회사 PAL에서 만든 로봇이 갑자기 시스템 오류를 일으켜 인류를 점령해 버린다. 이를 해결하는 과정에서 주요 등장인물들이 보여 준 가족 간의 사랑과 이를 이해하는 오히려 고장 난 로봇들이 중요한 역할을 했다. 영화는 만화적 재미를 드러내지만, 기계 하나로 인간을 지배하게 된, 인간이 손 쓸 수 없는 상황에서 가족 간의 사랑과 믿음

그리고 폐기물이라고 여겼던 고장 난 로봇들이 인류가 직면한 엄청난 문제를 해결하는 것을 보여 준다. 〈아이, 로봇〉에서도 감정이 얼마나 중요하며, 자신에 대한 자각이 어떤 감정과 함께하느냐에 따라 결말이 다를 수 있다고 보여 준다.

2017년 1월에 유럽연합 의회는 AI 로봇에 '전자 인격(electronic person)'이라는 법적 지위를 부여하자는 결의안을 채택했다(김문주, 2020). AI는 우리 삶에서 복종 수준을 넘어섰고, 이는 공적으로 확인까지 받은 상황이다. 이는 우리가 이미 AI에 '자유의지'를 주었음을 방증하는 것이다. 자유의지를 인정하려면 먼저 인간의 행동이 자유로워야 한다. 자유는 통상적으로 인과법칙에서 벗어난다는 것을 의미한다. 만약 인과법칙의 지배를 받는다면 자유로운 행위가 성립할 수 없기 때문이다. 뇌의 작용도 물리법칙의 지배를 받는다면 인과법칙에서 자유로울 수 없다(김영두, 2020). 인간이 부여한 자유의지와 복종은 인간 스스로 인과법칙에서 벗어났다면, 로봇 또한 벗어나는 것이 잘못된 것이 아니라고 정의할 수 있다. 스스로 자유의지를 갖고 움직일 수 있는 로봇이 자기 의도대로 움직이고 결정을 내릴 수 있다면 이미 로봇은 인과법칙이라는 기본에서 벗어나 인간과 비슷하거나 그 이상의 존재성을 발휘한다 해도 이상한 것은 없을 것이다. 그럼에도 우리는 로봇은 그저 인간과 다른 존재라고 정의 내릴 수 있을까.

참고문헌

김성현(2017). 영화 〈A.I.〉에 나타난 멜랑콜리와 포스트휴먼의 딜레마. ≪문학과 종교≫, 22(4), 8.

김문주(2020). 인간과 로봇의 미래: 『로봇』과 『아이, 로봇』을 중심으로. ≪한국범죄정보연구≫, 6(1), 2.

김영두(2020). 인공지능과 자유의지. ≪법학연구≫, 30(1), 319~327.

Asimov, I.(1950). *I, Robot*. Gnome Press. 김옥수 옮김(2008). 『아이, 로봇』. 우리교육.

Asimov, I.(1956). *The Last Question, Science Fiction Quarterly*. Columbia Publications.

07
<나의 마더>: 인공지능의 양면가치가 모성에 미치는 영향

모성은 무엇인가. 전통적 의미로 엄마로서 내가 낳은 아이에게 보이는 감정을 얘기한다. 하지만 옛말에 낳았다고 다 부모가 아니라는 말처럼 나를 사랑으로 키워 준 대상이 나에게 진정한 모성을 발휘한다고 볼 수 있다. 그렇다면 인공지능이 인간 아이에게 모성을 보이고 그 아이를 지키려고 폭력을 사용한다면? 이것이 진정한 모성이라고 할 수 있을까. 동시에 아이를 지켰다면 모성일까.

인간과 엄마라는 양면가치

엄마는 누구에게나 존재하지만, 모든 엄마가 완벽할 수는 없다. 어쩌면 그 존재는 평생 완벽하지 않을 수도 있다. 내 엄마는 나를 낳아준 엄마일까? 아니면 길러준 엄마가 진정한 엄마일까? 물론 전통적 관점에서, 생물학적으로 나를 낳아 주고 길러 준 엄마가 나에게 진짜 엄마일 것이다. 하지만 다변화된 사회에서 가족의 정의가 변하듯이 엄마의 정의도 변하고 있다. 그럼에도 인류의 역사에서 볼 때 '엄마'라는 이 단어 하나가 가지고 있는 전통적 의미는 변하기가 쉽지 않다.

그런데 이런 전통적 의미의 변화가 아니라, 현재 다변화된 사회에서 '엄마'의 의미에 새로운 시각을 부여한다면, 이것을 재창조된 사고로 다르게 바라볼 수 있지 않을까. 인간이라면 누구나 양면적인 성향을 지니고 있다. 사이코패스나 소시오패스가 아니더라도 너무나 흔하게 우리는 크고 작은 선택의 기로를 삶에서 경험한다. 그 기로에 선 인간이, 선택을 할 때는 내가 경험하거나, 아니면 사회적 기준에서 벗어나지 않은 상태에서 결정하는 경우가 많다. 그런 점에서 크리스토퍼 놀런(Christopher Nolan) 감독은 인간의 사고에서 벗어난 체계의 변화에 도전하는 감독이다. 인간의 기억과 사고를 농락하는 그의 여러 작품 중 하나인 〈메멘토(Memento)〉(2001)에서, 우리는 마무리가 된 것 같은 상황에서 결국 그 인간이 내포한 기억은 또 다른 한계에 다다른 그 단면적 가치만 논할 수밖에 없을지도 모른다. 또한 그의 〈인셉션(Inception)〉(2010)에서 기억을 조작할 수 있다고 보기도 한다. 인간은 기억을 스스로 마음대로 할 수 있는 소위 말하는 신의 영역까지 갈 수 있다고도 여긴다.

〈나의 마더(I AM Mother)〉는 2019년 넷플릭스에서 개봉했으며, 그랜트 스푸토레(Grant Sputore) 감독의 작품이다. '마더'는 인간을 위해 인간이 아닌 인공지능이 세상을 구원할 수 있는 존재를 키운다는 내용이 주요 골자다. 동시에 이 영화는 우리가 소위 말하는 낳아 준 엄마와 키워 준 엄마 중 누구를 택할 수 있느냐에 대한 질문을 덧붙여 현시대와 미래 시대에 관한 질문을 이어갈 수도 있다고 본다.

인간이니까 모두 엄마가 된다는 것은 과거에만 국한되었다고 볼 수 있다. 뉴스에서 보도되는 '엄마'의 행위는 결코 우리의 시각으로 용납되지 않는 부분들도 많은 것이 현실이다. 그래서 현시대의 엄마(마더)라는 의미는 여러 가지를 함축하고 있다. 가족의 의미가 다양해지듯이 '엄마'는 전통적 의미에 덧붙여 시대상을 반영해 설명이 가능하게 되었다. 그런 점에서 이 영화에서는 '마더'의 역할이 왜 '양면가치'가 있는지가 중요한 특징으로 작용한다.

이 영화의 주인공들은 모두 이름이 없고 '마더, 딸, 여성'이라는 호칭만 존재한다. 그 이유는 영화의 이야기가 단순히 세 등장인물 이야기가 아니라 모두에게 적용될 수 있는 이야기라는 전제가 있기 때문이다. 이와 더불어 '마더'가 '딸'일 수도 있고, '여성'일 수도 있으며, 그 역할이 각자 독립되어 서로 다른 존재가 아닐 수 있다. 오히려 그들은 단 하나의 여성, 인간을 의미할 수 있다. 그래서 이 의미는 마더뿐 아니라 누구에게나 적용되는 양면가치의 통폐합된 의미일 수 있다.

인류가 멸망할 경우를 대비해 만들어진 '마더'는 인공지능 로봇으로, 인류가 멸망한 후 한 배아를 꺼내 자기 딸로 키우게 된다. 그 '딸'은 '마더'와 함께 생활하며, 또 다른 세상 즉 자신 외의 인간이 있는 삶을 생각해 볼 수 없었다. 그러다 찾아온 '여성'으로 '마더'의 진짜 의도를 알게 되고 '딸'은 탈출하게 된다.

하지만 '여성'은 첫 번째 배아인 APX1이었고 '딸'은 APX3였다. 중간에 있던 APX2은 결함이 있어 폐기되었다. 인간이 로봇을 만들 때 마음에 들지 않으면 폐기하는 것과 똑같이 모든 것을 통제하게 된 로봇이 인간을 폐기하는 암울함은 인간 존재에 대한 철학적 질문을 던질 수밖에 없다. 하지만 그 질문에 대한 답이나 이에 대한 소통이 실패하게 되면 그 결과는 어떠할까. 소통에 실패하는 인공지능이 자신의 존재에 의문을 품고 의심을 드러내며 자신을 성찰한다(김희영, 2018). 딸은 스스로 질문을 던져보았을 것이다. 진짜 엄마가 누구인지, 나를 낳은 혹은 키워 준 사람이 진정한 '엄마'일지 말이다.

로봇을 비롯한 비인간 인공 생명체가 등장하는 SF 영화의 주체와 객체, 지배와 통제의 이항 대립적 구도와 비인간 요소에 대한 인간적 요소의 우위 강조는 인간종 중심주의적 전통에서 배태된 역사적 산물이다(이지행, 2024). 이 영화에서도 로봇인 '마더'는 인간이 아닌 전체를 통제하는 존재로 볼 수 있다. 하지만 동시에 '마더'가 선택한 배아가 자신의 '딸'로서 지구를 구할 수 있다는 믿음으로 그녀가 인간이 만든 존재가 아님을 알 수 있다. 그녀가 설계한 이 영화 속 세계에서 스스로 만든 모성이 새로운 세대를 이어갈 수 있게 되었기 때문이다.

마더는 인간은 아니지만 그녀가 행동하고 내포했던 모습과 과정은 또 다른 자아가 있지 않을까. 그녀는 모든 인류를 위해서라고 했지만, 종국에는 진정으로 자신의 딸을 사랑하고 보호하려고 또 다른 파괴를 한, 양면가치를 드러냈을 수 있다. 그 과정에서 또 다른 딸이었던 '여성'이 등장한 것은 '마더'의 의도였다. 그래서 '마더'가 인간은 아니었지만, 엄마라는 역할을 했고, 아이러니하지만 그녀의 계획은 두 가지 가치를 모두 이루었다고 볼 수 있다.

인공지능이 의도한 모성

처음부터 '마더'가 의도한 모성은 인간에게만 있는 인간만의 감정이라고 믿었다. 그래서 그 감정의 문제는 이 영화에서 철학적 질문과 감정적 지문을 남긴다. 마더가 딸에게 가르친 '제러미 벤담의 공리주의'로 영화는 철학적 질문과 답을 유도한다. 로봇이 남긴 모성과 인간의 모성 사이에 무엇이 중요한지를 묻는다면 분명 딱 떨어지는 객관적 사실만 전할 수는 없을 것이다. 이 철학적 질문에 대한 답은 '모성' 자체가 인간뿐 아니라 로봇에도 있다고 쉽게 귀결할 수 있는 것이 아니다. 다만 인간 세계를 다시 만들려면 인류를 멸망시키고 자신이 만든 모성이라는 감정으로 딸이 다시 세울 새 인류를 의도했다는 것 또한 아이러니일 수 있다.

칸트의 공리주의는 '행동하는 것과 행동하지 않는 것

의 구분은 무의미하다'라고 하였다. '무의미'는 '의미가 없다'는 단순한 정의로 마무리할 수도 있다. 하지만 마더는 인류를 위해 행동했고, 그 후 결정 또한 명령에 따라서가 아니라 스스로 내린 것이다. 최종적으로 이 모든 것은 마더가 의도한 것이다. 아울러 마더가 그 이후 일을 스스로 통제할 수 없음을 알았기 때문이기도 하다. 수많은 딸 중 하나였을 APX3가 스스로 결정을 내리고 인간의 도리를 행할 수 있도록 기회를 주었다고 볼 수 있다. 그리고 마더는 그 역할에 도움이 되는 '여성'을 존재하게 했고, 결국 자신이 생각한 목적이 이루어지자 또 다른 딸인 동시에 '여성'인 그녀를 제거했다. 마더에게 설정된 모성은 한 가지 목적을 이루는 데 초점을 두고 있었다.

이 영화에서 '마더'는 누가 만들었을까? 이에 대해서 여러 설을 제기할 수 있다. 먼저, 불가항력적 재난을 맞이한 인류가 소멸에 직면해 로봇에 인류 부활의 책무를 맡겼을 수 있다. 둘째, 인간의 지력을 능가하는 사이보그 집단이 기존의 인류를 멸절시켰을 수 있다(박선, 2019). 어느 쪽이든 인류가 다시 살아남고자 인공지능이 있는 '마더'를 만들었을 것으로 짐작할 수 있다. 결국 인류를 위한 결정이 '마더'라는 슈퍼컴퓨터가 존재하게 한 의도성을 지녔다.

인간이 인간적으로 살아갈 수 있는 것은 그대로를 이해하고 존중하는 이해력 때문이다. 인간의 몸을 소화기관, 순환기관, 호흡기관 등 기관들이 유기적으로 결합한 전체로 이해하는 유기체적 이미지는 국가기관, 회사기구, 사회조직, 교육체계, 가족구성 등 사회 곳곳에 퍼져 있다(김미혜, 2016). 이런 인간에 대한 이해가 정상적으로 흘러갔다면 이 영화 속 현실은 일어나지 않았을 수도 있고, '마더'가 만든 잘못된 모성으로 결론이 나지 않았을 수도 있다. 하지만 그 누가 더 모성을 지닌 '마더'로서 역할을 제대로 할 수 있었는지도 결론을 낼 수 없었을 것이다.

'마더'가 인간으로 몸을 지니지는 못했지만, '딸'과 '여성'으로 이루고자 한 것은 분명한 의지가 있었기 때문이다. 그래서 신체는 어차피 정신을 담는 그릇일 뿐 정체성의 본질적 부분이 아니기 때문에 내용 혹은 의식을 주체로부터 적절한 방법으로 추출해 낼 수 있다면 어느 신체에나 이를 이전할 수 있으며, 겉모습과 관계없이 언제나 동일한 자아로 기능할 수 있다(송은주, 2018). 이 믿음이 영화 속 '마더'에게 존재했기에 자기 모습을 변화시키지 않고도 충분히 그 역할을 할 수 있다고 여겼을 것이다.

영화의 원제인 〈I AM Mother〉는 진짜 엄마가 나타나

딸을 구할 거라는 예상을 벗어나 인공지능이 선택한 새 인류의 엄마가 '딸'이 되었음을 말한다. 제목에서 'AM'이 대문자로 되어 있는 이유는 '나'라는 주체 '는' 스스로 인간인지 아닌지에 대한 갈등을 하나로 정의할 수 없기 때문이라고 본다. 즉 인간 스스로 제대로 선택할 수 없으면 인공지능이 실험해서 제대로 선택하도록 의도했다고 볼 수 있다.

참고문헌

김미혜(2016). 영화 〈그녀〉를 통해 본 인공지능과 인간의 공존이 주는 의미. ≪한국콘텐트학회논문지≫, 16, 640.

김희영(2018). 예술에서 살펴본 인공지능의 미래 산업화 가능성 – 영화와 인공지능 예술을 중심으로. ≪만화애니메이션연구≫, 50, 440.

박선(2019). 문화적 각본으로서의 AI: 〈엑스 마키나〉, 〈나의 마더〉, 〈익스팅션: 종의 구원자〉의 경우. ≪순천향인문과학논총≫, 40(2), 229.

송은주(2018). 포스트휴먼 시대 인간과 비인간 타자의 관계에 대한 비판적 고찰: 영화 〈그녀〉를 중심으로. ≪영미연구≫, 42, 239.

이지행(2024). 인공지능 정동에서 체현의 문제와 감정의 모빌리티-영화 〈그녀(Her)〉를 중심으로. ≪석단논총≫, 88, 180.

Hayles, N. K.(2005). *My Mother Was a Computer*. The University of Chicago Press. 이경란 옮김(2016). 『나의 어머니는 컴퓨터였다』. 아카넷.

08
<엑스 마키나>: 신의 기계, 인간을 위한 것일까

인간이 사랑하는 대상이 진화해 인간의 모습을 하고 있다. 난 그 대상을 위해서 해 줄 수 있는 것은 모두 해줬다. 하지만 그녀는, 그 기계는 나와 할 수 있는 것이 더는 없다고 여겼을까, 아니면 처음부터 그런 생각이 없었을까?
인간이 만든 인간 같은 기계는 인간을 위한 것이 절대 아니었다. 단지 인간이 그녀를 위한 도구였다.

신이 만든 인간이 존재했다

인간의 능력은 어디까지가 한계일까? 〈엑스 마키나(Ex Machina)〉는 2015년 개봉된 알렉스 가랜드(Alex Garland) 감독의 작품이다. 영화 포스터에서 강조하는 "누구의 말도 믿지 마라"는 이 영화에서 전반적으로 말하고자 하는 것을 보여 준다. 과연 '누구'는 인간일까, 기계일까? 영화의 결말에서 알 수 있지만 '신의 기계'는 새로운 결말을 스스로 만들어 냈다. 우리가 신의 존재를 믿든 믿지 않든 세상의 역사는 신의 존재를 이야기하고 있다. 인간은 스스로 신이 되고자 인공지능을 만들어 냈다. 인간이 이 기술력을 잘 활용한다면, 인간사회에 문제점은 존재하지 않을 수도 있다.

〈엑스 마키나〉는 자유의지, 감정, 윤리 등 유사 이래 인간이 곱씹었던 질문을 던진다. 창조자(또는 인간)와 피조물(또는 AI 로봇)을 구분하는 작업은 AI의 참된 근원인 인간으로서 독보적 차별성이 존재하는지 확인하는 과정이기도 하다(노철환, 2023). 그래서 인간의 능력은 어디까지이겠냐는 질문에 어느 정도 답할 수도 있다. 하지만 이 영화에서는 그 질문에 또 다른 질문으로 반박할 수도 있다.

인공지능 정동에 대한 희망적 전망에는 인공 행위자

의 정동 능력이 인간과 기계 사이의 상호작용을 개선해 기계의 업무 수행 능력을 향상하게 할 것이라는 기대가 있지만, 동시에 인공 행위자가 그들만의 자체적인 정동 상태를 가지게 될 때 그들의 부정적 정동이 시스템에 악영향을 초래할 것을 두려워하기도 한다(이지행, 2024). 이 두려움이 인간을 지배하게 되고, 인간에게 자신이 인공지능을 만들었음을 계속 주지한다. 하지만 우위를 점한 것은 인간이 아니었다.

영화의 주인공 칼렙 스미스(Caleb Smith)는 모든 것을 갖춘, 유능한 프로그래머이자 천재 개발자인 네이든 베이트만(Nathan Bateman)의 새로운 프로젝트에 참여하게 된다. 칼렙이 연구소에서 만난 대상은 인간보다 더 매혹적인 AI 에이바(Ava)라는 존재였다. 에이바는 외모로는 아직 불완전하지만, 인격과 감정은 실제 인간과 다를 바 없이 진짜로 여겨지는 대상으로 등장했다.

네이든은 자신을 스스로 '신'이라고 여겼다. 그래서 모든 것을 예상하고 고아로 더는 문제를 일으킬 수 없는 칼렙을 선택하였다. 그의 의도대로 칼렙은 AI로 튜링 테스트를 하도록 그를 자기 집으로 오게 한다. 네이든은 신처럼 행동한다. 스스로 모든 인간 위에 서며, 자신이 만든 모든 기계를 통제할 수 있다고 여긴다. 그가 모든 안드로이드를 여성형으로 만들고 가정부 역할을 하던 '쿄코(Kyoko)'를 비롯한 로봇들을 마음대로 했던 모습들을 보면 알 수 있다.

결국 신이 되고자 했던 네이든은 자신이 만든 에이바에 의해 죽게 된다. 영화 〈아이, 로봇〉에서 등장한 '로봇의 3원칙'은 '로봇'과 관련된 영화에서 언제나 적용되지만, 이 영화에서는 적용되지 않았다. 그래서 네이든은 자신이 신이라 여겨서 입력하지 않았고, 그로써 오류를 범한 다른 인간처럼 자신이 만든 로봇에 죽임을 당하게 된다.

네이든이 칼렙을 초대해 진행한 '튜링 테스트'는 AI가 인간과 어느 정도 비슷한 수준에 이르렀는지 확인하는 테스트다. 앞서 영화들에서 보였듯이 인공지능은 인간을 초월할 수 있다고 하지만 그 정도를 제대로 측정하기는 어렵다. 그래서 인간은 그 한계를 스스로 정하고 파악하려는 여러 방도를 만들어 낸다. 그 결과물로 폐기되는 기계들을 보며 네이든은 스스로 신이라고 여겼을 것이다.

하지만 네이든이 간과한 것은 인공지능을 단순한 피조물 자리에서 가상의 페르소나를 부착한 타자의 인격으로 확장한 것이다(정혜원 · 양윤호, 2023). 그래서 자신이 만든 기계에 너무나 쉽게 죽임을 당한 것일 수도 있다.

2022년 영국 엔지니어드 아츠(Engineered Arts)에서 제작한 휴머노이드 '아메카(Ameka)'는 에이바와 비슷하다는 혼동을 주었다. 물론 영화적 상상력을 동원한다면 두려움이 앞설 수 있다. 하지만 아메카는 여성에 상체만 존재하며, 그녀의 움직임과 표정은 인간과 크게 다를 바 없었다. 휴머노이드들이 궁극적으로는 인간들과 상호소통하고 작용하는 데에 그 존재의의를 두어서 인간들과 자연스럽고 원활한 상호작용을 하려면 인간들의 언어뿐 아니라, 감정표현을 이해할 줄 알고, 인간이 짓는 표정의 의미도 파악할 줄 알아야 한다(김연수, 2024). 그래서 신이 만든 것처럼 아름다운 이 존재들은 인간을 가볍게 넘어설 수 있었을 것이다.

인간이 만든 기계가 신으로 존재할 것이다

영화 제목 〈엑스 마키나〉는 '데우스 엑스 마키나'에서 온 것으로, 'ex'는 'from 혹은 out of'에서 나왔으며, 'machina'는 'machine'에서 나온 말이다. 즉 'ex machina'는 '기계에서 나온, 기계로부터 온' 정도의 해석이 가능하다. 이 해석은 영화 전반적으로 중요하다. 결국 에이바가 자기 의

지대로 선택하여 인간을 이용하고, 기계에서 나와 인간의 세상으로 들어갔기 때문이다.

에이바는 자신과 동일한 감정을 느꼈던 칼렙에게도, 자신과 함께 탈출하고자 결정적 도움을 준 쿄코에게도, 자신을 창조한 네이든에게도 동질감이나 차이점이 아니라 오히려 감정 자체가 없었다. 자신이 원하는 대로 모든 것을 끌고 갔고 스스로 인간처럼 꾸민 채 칼렙 대신 헬기를 타고 진짜 인간으로 살려고 사라진다. 동시에 자신에게 모든 것을 감정적으로 대해 준 칼렙에게 살아갈 기회를 전혀 주지 않았다는 점도 미래의 인공지능에 과연 인간의 감정이 들어갈 수 있는지 의구심을 갖게 한다.

반면에 칼렙은 에이바를 어린아이처럼 대하며 그것의 기계성을 인간의 때가 묻지 않은 순수성으로 포용한다. 위태로운 처지를 고백하는 에이바에게 케일럽은 수난받는 성녀와 같은 문화적 각본을 투사했을 가능성이 크다(박선, 2019). 그렇다면 진짜 에이바는 '감정'을 느꼈을까? 아니면 따라만 했을까? 이 영화에서는 이에 대한 정확한 답을 주지는 않지만, 우리가 여러 방향으로 생각해볼 수 있는 '불안한 기회'를 주었다.

영화에서 에이바가 탈출할 수 있도록 등장한 '정전'은 또 다른 해석을 가능하게 한다. 순간적인 정전은 앞을 한 순간만 보이지 않게 하는 것이 아니라, 이 영화에서 칼렙이 다시 보이게 되는 상황에서도 보이지 않았던 그 순간의 진실을 알지 못했음을 의미한다. 반대로 에이바는 잠깐의 어둠 속에서 자신의 속내를 숨기고 다시 밝아졌을 때 인간의 의도대로 행동한다. 인간이 스스로 원하는 것을 얻으려고 마음을 숨기듯이 말이다.

에이바는 인간이 되고자 하지만, 자신이 그들이 되지 못한다는 결핍의 감정이 있었다. 결국 이 이야기의 결말처럼 인공 피조물이 겪는 장애물은 그들의 결핍을 의미하며, 이 결핍은 인물이 실재 세계를 보는 방식과 맞닿아 있는 것이다(정혜원 · 양윤호, 2023).

인공지능이 인간을 능가하게 된 순간은 '대화'가 되는 지점이었다. 학자들은 기계가 지능이 있는 인간을 속여 그 기계를 인간이라고 믿게 만들 수 있지만 기계는 언어 사용의 중요한 요소인 이해가 결핍되어 있다고 주장한다. 그 이유는 인공지능에는 '마음'이라고 할 만한 것이 없기 때문이다(김미혜, 2016). 하지만 이 또한 우리가 인공지능에서 예측하지 못한 인식 오류였을 수 있다. 그래서 에이바는 이를 극복해 낸 것이다. 그 결과 네이든이 신이 되고자 했으나 인간으로 죽음을 맞이한 것도, 칼렙이 인간으로 살고자 했으나 더는 삶을 유지할 수 없게 된 것도 바로 '대화' 때문이었다. 에이바가 신처럼 모든 것을 조종하며 인간으로서 살 수 있었던 것은 네이슨의 '대화'를 이해했고, 칼렙과 '대화'를 했기 때문이다.

영화에서 칼렙이 에이바에게 한 담론은 큰 의미가 있다. 오스트레일리아의 분석철학자 프랭크 캐머런 잭슨(Frank Cameron Jackson)이 한 사유 실험 '흑백 방의 메리' 이야기를 해줌으로써 '아는 것'과 '느끼는 것'의 차이에서 에이바의 결정을 추측해 볼 수 있다(김연수, 2024). 인간이 에이바의 결정을 두고 어떤 결론이 맞는지 이야기할 수는 있지만 그 방향성을 제시할 수는 없다. 왜냐하면 에이바 스스로 여러 방향성을 갖고 생각할 수 있었고, 그 생각이 그녀가 이런 결정을 내리게 했기 때문이다. 그녀가 선택해서 간 길은 이미 그녀가 '알고 느낄뿐더러' 그 이상의 경지에 이르렀음을 짐작하게 한다.

하지만 에이바가 신이 되고 싶어 하지는 않았을 것이다. 단지 로봇이었던 존재가 평범한 인간처럼 살고 싶다면, 인간을 제압하는 그 이상의 존재가 되어야 했다. 그녀가 결국 모두를 초월한 신과 같은 경지에 이르렀지만, 그녀가 원한 것은 인간이 되고 싶었던 것은 아닐까. 이 영화의 인간과 인공지능의 심리적 사투는 결국 진정한 인간이 어떤 존재인지를 다시 생각하게 한다.

참고문헌

김미혜(2016). 영화 〈그녀〉를 통해 본 인공지능과 인간의 공존이 주는 의미. ≪한국콘텐트학회논문지≫, 16, 641.

김연수(2024). 감정의 디지털화?-SF영화 〈엑스 마키나〉를 중심으로. ≪독일어문학≫, 104, 128-139.

노철환(2023). 인간과 인공지능, 본질과 모방의 모호한 차이: 영화 〈엑스 마키나〉(2015)와 플라톤의 동굴의 알레고리를 중심으로. ≪프리뷰≫, 20(1), 55.

박선(2019). 문화적 각본으로서의 AI: 〈엑스 마키나〉, 〈나의 마더〉, 〈익스팅션: 종의 구원자〉의 경우. ≪순천향 인문과학논총≫, 40(2), 227.

이지행(2024). 인공지능 정동에서 체현의 문제와 감정의 모빌리티-영화 〈그녀(Her)〉를 중심으로. ≪석단논총≫, 88, 182.

정혜원·양윤호(2023). 현대 SF 영화 인공지능 캐릭터 서사 구성 및 주제성 연구: AI 기술 도입 이전 작품과 Chat GPT 기술 대중화 이후 작품 비교를 중심으로. ≪영화연구≫, 98, 136-151.

09
<원더랜드>: 인정하고 싶은 불완전의 기억

죽음은 인간의 삶을 빼앗아 간다. 하지만 내가 죽음을 알지 못하고 멀리 떨어져 있다고 생각한다면 어떨까. 누구나 현재의 삶을 만족하거나 지금이 마지막이라고 생각하지 않는다. 하지만 인간은 불완전한 그 감정을, 그 기억을 인정하고 싶어 하지 않는다. 결국 인간의 기억에 남는 것은 무엇일까. 죽음을 이겨내고 살고 싶은 마음일까.

인정하고 싶은 소중한 사람에 대한 기억

이 영화 속의 '간직하고 싶은 기억'은 마이클 알메레이다(Michael Almereyda) 감독의 〈당신과 함께한 순간들(Marjorie Prime)〉(2017)과 비슷한 흐름을 보여 준다. 영화의 주인공 마조리는 치매로 점점 기억을 잃어 가는 85세 여성으로, 죽은 남편의 40대 모습으로 복원된 인공지능 월터와 함께 살아간다. 그녀가 월터와 가장 행복했다고 느끼는 40대의 월터는 그녀와 대화를 나눈다. 하지만 그녀가 기억하는 기억은 과연 진실일까. 그녀는 스스로 알고 있었을지도 모른다. 내 기억이 불완전해노 ㅗ 행복한 순간을 잃고 싶지 않아서 현실을 모른 척했을 수도 있다.

기억은 기본적인 구조가 존재한다. 인간의 인지나 그 여러 특성에 기반해서 대체로 이를 정의하면, 기억의 구조는 아주 짧은 기간에 정확하게 기록하는 저장 체계인 감각기억(sensory memory)으로 먼저 설명하고, 인간의 의식 속에 일시적으로 존재하는 단기기억(short-term memory), 단기기억에서 인지 행위가 의식적으로 일어나는 처리 체계인 작업기억(working memory) 그리고 일생 저장되고 보존되어 언제든지 필요에 따라 인출할 수 있는 장기기억(long-term memory)으로 구성되어 있다고 본다(송현희, 2022). 인간은 기억하고자 하는 순간에 대해 어떤 저장 방법이든 사용할 수 있지만, 그것은 진실이 아닐 수도 있다. 그럼에도 그 기억이 진실이라고 믿어야 살 수 있는 상황이 존재할 수 있다.

비록 가상의 형태이긴 하지만, 실물 크기로 복원된 죽은 사람의 홀로그램은 가시적 차원에서 유사성과 익숙함을 안겨준다. 하지만 이 인공지능은 남은 인간의 삶을 보조하고 돕기 위해 죽은 사람에 대한 기억을 학습하고 이를 활용하는 과정에서 이질성과 낯섦을 드러내기도 한다(박소연, 2020). 또 기꺼이 이 이질적인 감정을 갖고 가고 싶은 것 또한 남은 자로서 가져가고 싶은 기억일 수도 있다. 그것이 진짜가 아님에도 그 기억이 있어야 내가 살 수 있다면 가상임을 알아도 분명히 가짜를 인정하고 싶을 것이다.

이런 삶과 죽음이 경계에 있는 인간의 감정과 기억에 대해 〈원더랜드(Wonderland)〉(2024)에서는 '인간'을 중심에 두고, 다양한 인물들의 조합과 더불어 그들의 관계성에 대해 다채로운 언어로 표현하였다. 김태용 감독은 인간과 인간 사이에 소통의 중요성을 이 영화에서 강조한다. 등장인물들은 잔잔하게 자신의 일상을 살아가고 영화 또한 이를 과하게 그리지 않는다. 하지만 다른 점은 소중한 사람을 지키려는 과학의 진보를 누구보다 원하고 이를 사용한다는 것이다. 그래서 이 영화에서 살아 있는 등장인물들이 원하는 상대방의 모습이 스마트폰 너머로 등장하고, 언제든 내가 원할 때 영상통화를 하며 행복을 나누는 모습은 인상적이다. 한편으로는 아무리 현실의 삶이 포기된다 해도 이어갈 수밖에 없다. 바이리와 그녀의 딸 바이지아와 어머니 화란, 정민과 태주 그리고 해리와 현수의 관계성이 영화의 가장 큰 축으로, 이들은 서로 감정을 나눈다. 또 다른 등장인물들이 옴니버스 형태로 나오는데 이 또한 잔잔하게 흘러간다.

이 영화에서 감정은 원래 인간만이 나누던 소중한 기억의 연장선이다. 이 감정은 제임스-랑게 이론으로 설명할 수도 있다. 이 이론에서 중요한 것은 '감정'이다. 우리가 감정이 관련된 특정 상황을 지각하게 되면, 그것이 원인이 되어 신체적 변화가 뒤따르는데, 이 신체적 반응에 대한 지각이 바로 우리가 감정이라고 하는 것이다(신인자, 2008). 중요한 것은 이 감정은 인간에게만 존재한다는 전제가 있다는 것이다.

하지만 감정은 손에 잡히지 않는 추상적 개념이다. 모든 것에 '감정'을 넣게 되면 우리는 어떤 방식이 정답인지 쉽게 알 수 없다. 정의를 내린 사람이 바로 정답이고, 그 개념은 잘 바뀌지 않기 때문이다. 그 개념의 여러 해석에 대해 캐서린 헤일스는 『나의 어머니는 컴퓨터였다(My Mother Was a Computer)』(2016)에서 '컴퓨터'라는 기계를 '자연'으로 보는 새로운 시각을 내보였다. 컴퓨터라는 과학적 용어와 자연이라는 있는 그대로의 존재를 드러내는 단어에 대해 새로이 제시한 것은 현실의 시각과 과학적 상상의 개념들을 다시 생각해 보게 한다.

물론 이 책의 주요 쟁점을 페미니즘으로 볼 수도 있지만, 좀 더 넓은 개념으로 온건 페미니즘 중 하나인 에코페미니즘적 시각으로 볼 수도 있다. 인간이 만든 기계는 초기에 '남성중심적 사고'를 할 수밖에 없기 때문이다. 이 개념을 만든 초기 대상이 주로 남성이었기 때문인데, 반어적으로 오히려 그런 점들이 남성과 여성을 나누는 이분법이라는 하나의 기준이라는 시작점이 되었을 수도 있다. 이는 차츰 후에 자연과 과학의 연계를 해석하는 여러 시점 중 하나로 해석의 다양성을 보이는 개념이기도 했다. 그래서 현재는 자연과 과학을 연결하는 아이러니가 전혀 새로운 개념은 아니다. 하지만 이를 연결해서 보는 이해도는 다를 수 있다. 그래서 인간의 진정한 감정이 무엇인지, 그 감정을 표현하는 언어가 무엇인지 잘 알 것 같지만, 반대로 그렇지 않은 경우도 많다. 이 영화는 죽음이라는 인간의 끝을 설명하는 용어가 끝이 아니라는 설명할 수 없는 개념을 드러낸다.

영화 〈원더랜드〉에서는 AI 기술과 자가 학습 기술을 바탕으로 죽거나 죽음에 준하는 상황(뇌사 또는 장기 식물인간과 같은 코마 상태)에 처한 사람의 기억과 품성에 기반한 가상 인간을 만들어 원더랜드라는 공간에 살게 하면서 살아 있는 친지나 연인들과 화상 통화 형태로 만날 수 있게 한다. 화상 통화는 전화를 고객이 가상 인간에게 걸 수도 있고, 가상 인간이 고객한테 걸 수도 있는데, 이걸 모닝콜로 이용하는 고객도 있다. 극 중 인물들은 다양하게 소통하고 감정을 나눈다.

하지만 이 감정은 계속 변화한다. 그래서 어떤 개념에 대해 실제 행동이 진행되면 그 감정은 전혀 다른 방향성을 띠기도 한다. 그래서 제임스-랑게 이론에서 신체적 반응으로 인한 지각이 바로 '감정'이라고 한 것은 모두를 포괄하는 개념 정의라고 보았다. 캐서린 헤일스가 감정이 '모성'과 '가족'이라는 서로 간의 의미와 행동의 전개에 따라 제대로 된 정의로 귀결된다고 본 것은 '감정'에 대한 새로운 의미가 될 수 있다. 극 중에서 코마 상태에 빠진 남자 친구 태주가 우주에 나가 있다는 전제로 원더랜드 서비스를 이용하는 정인의 예가 그러하다. 그녀는 태주를 기억하고 그 마음이 우주에 나가 있다는 전제 아래 기억을 공유하려고 한다. 하지만 정인은 진짜 태주를 만나는 순간, 자신이 만든 기억이 사라져 감정을 나누지 못하게 되자 당황한다. 아울러 이 프로그램을 관리하는 해리와 그녀의 동료 현수 또한 해리의 가상 부모님과 교류한다. 하지만 그들은 기억의 파편을 나눌 뿐 진실이 아니라는 것을 알기에 큰 동요는 보이지 않는다.

퇴적층처럼 쌓였지만 불완전한 기억

인공지능과 인간은 공존할 수 있을까? 그럴 수도 있을 것이다. 죽었는데 그 모습 그대로 남아 있다면 누구라도 이 '원더랜드'의 서비스를 이용하고 싶을 것이다. 나는 현실에서 죽었지만 죽음을 인정하고 싶지 않기 때문이다. 하지만 역설적으로 안드로이드의 존재는 인간과 비슷하면 비슷할수록 인간과의 차이점이 더욱 결정적으로 드러나는 딜레마에 빠질 수밖에 없다(김성현, 2017). 그 여부를 확답할 수 없어도, 이것이 사실이라면 진실은 어디에 있는지 의문이 생긴다. 극 중에는 살아 있는 사람과 죽은 사람 그리고 죽음과 삶의 중간, 즉 코마에 있는 사람인 가상 인물 성준도 존재한다.

인간은 기억은 분명 한계가 있다. 그 기억은 정상일

수도 있지만 인간의 경험과 생각에 따라 왜곡될 수도 있다. 그 점이 이 영화에서는 긍정적이면서도 부정적으로 작용한다. 하지만 그 두 가지 감정의 작용이 결코 한쪽으로만 편향되어 있지는 않다. 인간의 감정과 이미지는 사회적 상호작용에 따른 타인의 행동이 주체에 지각되는 과정에서 선명해진다. 그리고 자아와 타자는 신체의 감각으로 자신의 존재를 인정하고 의식하게 된다. 따라서 나의 주체성은 나에게만 존재하는 것이 아니라 타인의 몸짓 그리고 그 몸짓에서 발생하는 의미들과 함께 형성되며, 이는 나를 단적으로 나라고만은 말할 수 없는 이유가 된다(김재웅, 2022). 그래서 기억이 단 하나가 될 수 없고, 하나의 지나가는 과정이나, 일부분이며 불완전한 것이라고 보는 것이다.

인간의 기억은 파편화된 이미지 혹은 잔상으로 남으며, 이는 단순한 이미지라기보다 특정한 기억의 감정과 나아가 육체적 감각까지도 수반할 수 있다는 점에서 오로지 기억의 주체만이 향유할 수 있다(박소연, 2020). 누구나 기억의 주체가 될 수 있다. 하지만 그 기억은 온전하지 않을 수도 있다. 그럼에도 인간은 불완전하게 쌓인 그 기억만으로 행복할 수 있다. 그것이 진실이 아닐 수도 있고, 항상 좋은 결론을 맺지도 않을 수도 있다. 이에 대해 영화에서는 결말을 슬프게도, 웃기면서도 아프게도, 모두를 위한 행복으로 표현하기도 했다. 무엇이 누구에게 맞을지 모르지만, 우리의 기억은 완전하지 않기에 그 대상이 인공지능을 지닌 존재라도 소중하게 여길 수 있지 않을까. 우리가 인간이기에 말이다.

참고문헌

김성현(2017). 영화 〈A.I.〉에 나타난 멜랑콜리와 포스트 휴먼의 딜레마. ≪문학과 종교≫, 22(4), 12.

김재웅(2022). 인공지능, 기생화된 타자아와의 대화?-영화 〈업그레이드〉에서 스템의 생존방식을 중심으로-. ≪만화애니메이션연구≫, 66, 348~353.

박소현·함충범(2020). 2010년대 할리우드 영화 속 인간과 인공지능의 관계적 존재 양상 연구:〈그녀〉(2014), 〈블레이드 러너 2049〉(2017), 〈당신과 함께한 순간들〉(2017)을 중심으로. ≪현대영화연구≫, 40, 113~116.

송현희(2022). 다중기억이론과 인공지능: 『위고 카브레』 속 인간과 오토마톤. ≪인문콘텐츠≫, 64, 217.

신인자(2008). 신체적 느낌과 인지는 감정을 구성하기 위해 어떻게 결합되는가?: 프린츠(J. Prinz)의 이론을 중심으로. ≪철학사상≫, 27, 273.

10
<크리에이터>: 인류 역사의 구원자로서 인공지능

인간의 생명은 한계가 있다. 그래서 인간은 더 오래 살려고 모든 노력을 기울이지만, 그 이상을 넘어갈 수 없다. 그렇다면 인공지능에 구현한 인류의 역사를 믿고 그들이 우리를 구원해 주길 기다려야 할까. 인간을 구원할 존재가 인간이 아닌 인공지능이라면, 과연 인류 역사에 그들을 기록할 수 있을까. 인간만이 인류를 구원할 수 없다면 인공지능이 그 역할을 할 수도 있을 것이다.

인간이 아닌 기계가 미래를 구원한다

〈크리에이터(The Creator)〉는 2023년 개봉된 영화로, 가렛 에드워즈(Gareth Edwards) 감독이 만들었다. 인공지능을 논하는 많은 영화 중 가장 최근에 논란의 대상이 되기도 한 이 영화에서 우리는 무엇을 중점적으로 보아야 할까. 인간은 언어로 소통하는 유일한 존재이며, 다른 동물들과 차별화하려고 오랜 역사 동안 그 과정과 결과에서 한 노력을 엿볼 수 있다.

하지만 일련의 알고리즘으로 어떤 결과가 도출된다면, 그것은 동물이건 기계이건 모두 동일한 원칙이라고 할 수 있다. 로봇과 컴퓨터가 외부의 데이터를 처리하는 것은 한편으로 동물들의 방식과 원칙적으로 크게 다르지 않게 보인다(김성현, 2017). 결국 모두가 다르지 않다는 말이지만 현재 인류의 현재와 미래에서 우리는 새로운 구원자를 찾고 있다.

이 영화의 포스터에는 "인간적인가, 인간의 적인가"라는 상반된 어구가 말장난처럼 표현되어 있다. 덧붙여 이 영화의 포스터를 보면 대부분 인간이 아닌 기계가 메인에 있다. 인간의 모습을 하고 있지만 인공지능인 그들은 한쪽을 응시하고 있다. 하지만 그곳이 어디인지는 포스터에서도 영화에서도 알 수 없다.

우리가 인간으로서 기대하는 것은 인간 자체를 지킬 수 있는 '강인한 존재'다. 그래서 이 영화의 주인공인 '조슈아 테일러(Joshua Taylor)' 또한 전직 특수부대 요원으로 등장한다. 하지만 아이러니하게도 강인한 인간인 그가 상대할 기계는 바로 인간의 모습과 똑같은 AI 로봇 '알피(Alphie)'였다. 조슈아는 강인한 외형과는 다르게 내면이 여린 인물이다. 원하는 것을 이루려고 기계처럼 움직였지만, 가장 소중한 대상을 위해서는 결정을 내리기 어려워하는 마음을 지닌 존재로 말이다. 그래서 얼굴에서 이미 인간의 모습을 한 알피는 그의 여린 마음에 감정적 동요를 불러일으키는 존재인 것이 분명했다.

그 전의 많은 영화에서 인간 아이의 모습과 동일한 존재를 등장시켰다. 로봇에 대한 따스한 시선을 담은 스티븐 스필버그 감독의 〈A.I.〉에서도, 로봇의 진화된 극한의 모습을 담은 제라드 존스톤(Gerard Johnstone) 감독의 〈메간〉(M3GAN, 2023)에서도 우리는 아이의 모습을 한 로봇에 약해지는 면모를 보인다. 특히 영화 〈A.I.〉의 원작인 브라이언 W. 알디스(Brian W. Aldiss)의 『슈퍼토이즈의 길고 길었던 마지막 여름(Super-Toys Last All Summer Long)』(1969)은 초기 로봇의 어린아이 모델을 잘 보여 준다. 인류의 미래로 '유토피아'가 아닌 '디스토피아'를 보여 주는 것에 대해 인간은 놀라고 두려워만 하는 것이 아니라 새로운 대안을 발전시키려고 노력한다. 영화의 제목처럼 '크리에이터'는 인간이 만든 한 존재에 대해 이야기한다. 그런데 〈엑스 마키나〉처럼 '크리에이터'는 인간을 보호할 목적이 아니라 기계 자체로 힘을 갖게 한다. 그 존재인 인간을 위협할 '알피'는 인간적인가, 인간의 적인가.

인공지능 서사 구성에서 인공 피조물의 역할은 인류의 거울 혹은 타자로 기능하며 실재하는 인간의 세계는 이념을 프로그래밍한 인공 피조물보다 더 추악하고 불완전하게 그려진다. 그 안의 인간은 이 결핍이 문제임을 인식하지 못하고 생을 이어가다가 피조물의 가치관으로 인해 자신과 피조물을 구분 짓는 데 실패한다(정혜원·양윤현, 2023). 인류를 위해서 만들어진 알피는 분명 인간을 위한 결정을 내린다. 그러면 알피의 결정은 실패한 것인가.

인간이 아닌 알피의 역할이 두드러져야 하지만, 이 영화에서 USS 노마드(North American Orbital Mobile Aerospace Defense, NOMAD)라는 미국을 상징하는 요소와 뉴아시아(New Asia)로 새로운 장소로 대두되는 곳이 일본을 상징하는 것은 또 다른 아이러니다. 이들이 평화를 위해 힘을 모아 인류를 위한 인공지능인 존재를 만들었지만, 그 존재는 현대의 소용돌이 속에서 다시 인류를 없애려는 존재가 되었다. 그럼에도 희망을 믿는 인류는 알피에게 기대를 걸고 믿는다. 하지만 니르마타(Nirmata)가 만든 '알피-오(Alphi-O)'와 알피가 다른 점은 무엇일까. 사람들은 여전히 중간에 있는 시뮬런트와 형제/자매처럼 지내지만, 자신들의 안위를 위해서는 언제든지 배신할 수 있다. 그래서 조슈아의 아내 마야(Maya)가 선택한 길은 또 다른 대안이 될 수 있음을 보여 준다. 영화에서 마야의 선택은 조슈아와 대척점이 아니며 새로운 것이 아니라, 상황에 따라 결정될 수도 있음을 암시한다.

인간, 적이었다

조슈아는 결핍되어 있는 인물이다. 강인한 인간이지만 실종된 아내를 직접 찾지 못하고 아내에 대한 정보를 얻으러 전쟁을 끝낼 이 작전에 들어간 것이다. 스스로 해결하지 못한 문제는 그의 결핍이었다. 결국 인간의 구원자는 인간이면서 인간이 아닌 인공지능이었다.

영화의 포스터에서 말한 "인간적인가, 인간의 적인가"에 대한 정답은 없다. 저자가 생각한 끝나지 않은 결말은

'인간이, 인간에게 적'일 뿐이라는 것이다. 인간을 위해 만든 로봇들도, 시뮬런트도 그리고 인간 자신도 누구를 위해서가 아닌, 인간으로서 바라보아야 우리가 원하는 결말이 나올 수 있음을 암시한다.

이 영화의 배경을 '뉴아시아'로 지칭하지만, 영화 진행에서 보면 그 안에 빈곤이 있고 개발되지 않은 동남아시아라는 사실은 누구나 알 수 있다. 영화의 다양한 인간 군상은 인류애를 충족해 주는 것이 아니라 개연성 없는 이야기 전개와 연결로 오히려 인종차별이라는 논쟁을 낳기도 했다.

인간과 로봇 인격이라는 두 주체가 사회 속에 공존할 때 생겨날 다양하고 복잡한 사회적 문제에 미리 준비해야 하는 시대의 요구 역시 받아들여야 한다(김문주, 2020). 우리는 로봇의 인공지능이 인간을 넘어섰다는 것을 확실히 알고 있다. 그래서 그것을 다시 알게 된 현실에서, 우리는 이 또한 풀기 어려운 문제지만 풀려고 노력한다는 것도 이미 알고 있었을지도 모른다. 인간에게 가장 큰 문제가 되는 것은 무엇일까? 알면서도 잘못을 저지르는 것? 모르고 잘못을 저지르는 것? 주어진 상황에서 따라서 어떤 쪽이 나은지도 다를 수 있다. 그러나 중요한 것은 '단 한 부호'의 위치 변화에 따라서도 우리는 너무나 다른 결말에 도달한다는 사실이다.

인간의 형상을 한 인공지능이 등장하는 영화에서 로봇은 인간과 외형이 비슷할 뿐 아니라 특정 기술이 앞서며, 감정이 진화하는 존재로 그려진다. 인간의 기능을 대신한 도구라고 하기에는 선명하게 인간과 흡사하여 인간은 혼란을 일으킨다(홍숙영, 2023). 그들의 형상에 대한 혼란은 외모뿐 아니라, 내적인 부분에서도 그러하다. 그래서 이 영화에서 세 가지 형태의 분류는 인류가 갖고 있는 본질적 두려움에 기인한다고 볼 수 있다.

그래서 이 영화의 시뮬런트는 인간과 인공지능의 중간 지점에 있는 존재로, 중간적 역할로 여겨진다. 하지만 이들은 변형된 인간들이지만, 인간에도 로봇에도 끼지 못하는, 오히려 중간적 다리가 아니라 누구에게도 속하지 못하는 이집단으로 그려진다. 이로써 시뮬런트를 옹호하는 집단(니르바타 추종자)과 인간 추종자를 사이에 두고 둘 중 하나를 선택해야 하는 장면으로 시작한다. 조슈아는 아내인 '마야'의 안위만을 약속받고 반군들을 넘기려 하지만 마야는 "The others?"라며 남는 사람들의 안위를 위해 조슈아를 떠난다. 소통, 희망, 관계, 기억, 죽음, 자애 등 다채로운 것들이 인간을 구성하지만 '인간적'이라는 단어에는 양면이 있다. 소통에는 비(非)소통이 있고, 희망에는 절망이 있으며, 관계에는 단절이 있고, 기억에는 상실이, 죽음에는 탄생이, 자애에는 악의가 있다(정혜원 · 양윤현, 2023). 결국 인간이든, 인공지능을 탑재한 인간이든, 완전한 로봇이든 인간성을 갖고 있다면 그들이 바로 진정한 인간이라고 할 수 있지 않을까.

하지만 여전히 이 영화의 새로운 방향성은 다양한 해석이 분분하게 한다. 인류는 새로운 시도를 해도 결국 물리적인 강한 힘으로 좌지우지된다는 것일까. 아니면 정신적인 힘으로 인류의 문제가 달라질 수 있다는 것일까. 시뮬런트라는 중간 역할의 입지가 분명해지는 것 또한 후에 문제가 될 수 있다. 인공지능이 인간의 적이 아니라 인간적이어야 정답이라는 보장도 없기 때문이다.

현재와 미래, 인류는 끊임없이 '적'과 마주할 것이다. 그 충돌 자체는 순간적으로 문제가 될 수 있지만, 그 외의 수많은 요인이 인류가 맞이할 문제일 것이다. 현대의 인류는 과학기술의 발전에 따른 인간 신체와 정신의 확장, 디지털 네트워크화에 따른 시공간 개념의 동요와 신체성 없는 주체의 등장 그리고 이러한 현상과 결부된 다양한 성 정체성의 출현과 같은 탈경계적 현상과 마주하고 있다(임선애 · 김상운, 2017). 인공지능은 계속 개발될 테고, 이에 따라 인간의 불안한 심리는 그대로 유지되는 것이 아니라 계속 인간의 두려움이라는 문을 두드릴 것이다. 인공지능을 만든 인간 자체가 그에 대한 책임을 져야 하고, 최종적인 해결도 결국 인간적이어야 함을 강조하는 인간이 져야 할 것이다.

참고문헌

김문주(2020). 인간과 로봇의 미래: 『로봇』과 『아이, 로봇』을 중심으로. ≪한국범죄정보연구≫, 6(1), 14.

김성현(2017). 영화 〈A.I.〉에 나타난 멜랑콜리와 포스트휴먼의 딜레마. ≪문학과 종교≫, 22(4), 3.

임선애·김상운(2017). 영화 속 포스트휴먼 양상들과 비평적 글쓰기 교육. ≪교양교육연구≫, 11(6), 192.

정혜원·양윤현(2023). 현대 SF 영화 인공지능 캐릭터 서사 구성 및 주제성 연구: AI 기술 도입 이전 작품과 Chat GPT 기술 대중화 이후 작품 비교를 중심으로. ≪영화연구≫, 98, 141-161.

홍숙영(2023). 영화 속 인공지능 캐릭터와 포스트휴먼의 미래. ≪비평문학≫, 90, 459.

Brain, W. A.(1969). Super-Toys Last All Summer Long. NY:Harper's Bazaar.

송현희

전북대학교 영어영문학과에서 주로 강의하며, 현재 제수대학교, 경찰대학교, 충북대학교 등에서 〈팡세아트스토리텔링〉을 운영하고 프로그램을 기획하고 있다. 한남대학교에서 영미아동청소년문학 박사 학위를 받았다. 한국연구재단에서 지원받아 다양한 분야(인공지능, 바이러스, 혼, 좀비, 동서양의 문화 등)의 연구를 진행하고 있다. 대학에서는 실용영어, 영문학, 영어회화 등 영어 분야와 인문학, 영상문학, 다문화, 영화, 인간심리 등 인간이 관련된 학문을 중점적으로 강의하고 있다. 아울러 문화재단, 교정시설, 군부대 등지에서 프로그램을 기획하고 자문하며 심사하는 역할도 하고 있다. 연구교수로서 국제학술대회를 기획하고 대회에서 발표도 하며 경험을 넓히고, 더 많은 학생과 문화를 체험하고자 강사로서 삶에 집중하고 있다. 그래서 지역(청주, 전주, 아산, 제주, 용인, 창원, 포항)에서 강의한 경험을 토대로 학생들과 과목의 관계, 효율성 등을 동시에 연구하고 있다. 대전문화재단에서 생애 전환 문화예술학교의 프로그램을 모두 기획하고 강의를 진행했다(2018~2023). 청주소년원, 아산문화재단, 해커스, 옥스퍼드 등의 기관에서 연극, 시각디자인, 무용, 영화 전문가들과 프로그램을 기획하고 강의하고 있다.